LE
DOCTEUR MORISOT.

TOME II.

Lille. | Paris.
L. LEFORT, | A. LECLÈRE ET C.,
Imprimeurs-Libraires.

Bibliothèque
catholique
DE LILLE.

LE DOCTEUR MORIZOT.

LE
DOCTEUR MORIZOT,

OU

MÉMOIRES DU BARON DE LASCY.

DEUXIÈME PARTIE.

LILLE.

L. LEFORT, IMPRIMEUR - LIBRAIRE,

RUE ESQUERMOISE, 55.

1843.

LE

DOCTEUR MORIZOT.

V.

Je n'avais pu demeurer un an à Paris,
sans que j'eusse fait parmi les jeunes gens
quelques connaissances ; mais je n'avais
formé aucune liaison. J'en excepterai toutefois un jeune étudiant de mon cours,
que je rencontrais toujours à la même place

à l'école de droit, à la Sorbonne , au collége de France , et à la bibliothèque Sainte-Geneviève.

La conformité de nos études amena nécessairement entre nous quelques relations, qui peu à peu devinrent une liaison assez intime. Saint-Léger, c'était le nom de ce jeune homme, était breton. Appartenant à une famille peu aisée , il attendait du succès de ses travaux , non-seulement les moyens d'existence pour lui-même , mais encore pour sa famille , qui faisait de grands sacrifices pour son éducation. Il n'avait pas eu besoin comme moi d'écrire un plan de conduite , pour régler l'emploi de son temps ; il n'avait fait que suivre les habitudes de toute sa vie , contractées au sein d'une famille vertueuse. Aussi assidu que moi à tous les cours que nous devions suivre , il travaillait avec plus d'ardeur , et il trouvait encore le temps de suivre exactement la pratique de ses devoirs religieux , qu'il n'avait pas , comme moi , jugé à propos de rayer de son règlement de vie.

Saint-Léger m'accompagnait quelquefois dans mes promenades , soit dans l'intérieur de la ville , soit dans les environs. Il était fort instruit , et sa conversation était intéressante et variée. Je n'osais pas ouvertement devant lui tourner en ridicule la religion , comme je l'aurais fait avec quelqu'un de mes anciens camarades ; un reste de pudeur , une sorte de respect involontaire m'arrêtaient ; mais chaque fois que l'occasion s'en présentait , je lui faisais part de mes doutes , et je lui demandais compte de ses convictions. Ses réponses étaient simples , et partaient plus souvent du cœur que de l'esprit.

« Je fais , me disait-il quelquefois , ce que j'ai toujours vu faire dans ma famille , comme je parle la langue que m'a apprise ma mère , et je sens que c'est le seul moyen pour moi d'être heureux. Quand je prie pour les auteurs de mes jours , pour mes frères et sœurs qui sont restés auprès d'eux , je sais que de leur côté ils prient le même Dieu pour moi , et cette pensée me rapproche en quelque sorte de ces êtres chéris , et adoucit la peine que me cause leur absence. Quant à vouloir me rendre compte des mystères au-dessus de la raison humaine, je n'en vois ni la nécessité ni la possibilité. Je sais qu'il est dans la nature des faits mystérieux que l'intelligence humaine ne pourra jamais pénétrer ; pourquoi n'en serait-il pas ainsi dans la religion, dont l'Auteur est le même que celui de la nature ? Je n'ai pas la prétention d'être plus instruit à cet égard qu'un saint Ambroise ou un saint Augustin, qu'un Bossuet ou un Fénelon, et je puis, sans craindre d'être taxé d'ignorance ou de superstition, croire ce qu'ils ont cru, adorer ce qu'ils ont adoré. Quant aux doutes que vous manifestez, je ne suis pas un théologien, et je ne voudrais pas me charger de les éclaircir ; mais voici ce que je ferais en pareil cas moi-même, et ce que je vous conseille en ami de faire également. Si je sentais s'élever dans mon esprit le moindre doute sur les vérités que j'ai appris à croire dès mon enfance, j'irais trouver un de ces hommes instruits, qui ont fait de la religion l'étude de toute leur vie, qui joignent à une science profonde une grande piété ; je lui exposerais simplement ce qui cause mon trouble, et je le prierais de le dissiper. « Si vous voulez, ajouta-t-il, je vous ferai connaître un de ces hommes, et je suis persuadé que vous serez content de vous être adressé à lui. »

Je le remerciai, en souriant, de son offre, et dès-lors je ne revins plus avec lui sur ce sujet. Cependant j'avais senti toute la justesse de ses observations, mais soit orgueil, soit mauvaise honte, je me gardai bien de suivre son conseil.

Saint-Léger n'était pas riche, et ne pouvait, par conséquent, se permettre aucun des plaisirs dispendieux qu'offre Paris à ceux qui sont favorisés de la fortune. Ainsi il avait toujours refusé de m'accompagner au spectacle, où j'allais quelquefois ; mais je soupçonne qu'il était également retenu par délicatesse de conscience ; aussi je n'insistai pas, quand je crus m'apercevoir du motif de son refus.

Le même motif d'économie l'empêchait souvent de prendre des voitures dans nos excursions autour de Paris, et il n'aurait pas souffert que je payasse pour lui ; aussi moi, qui ai toujours beaucoup aimé à marcher, je m'arrangeais assez bien de cette disposition de Saint-Léger , et nous faisions quelquefois cinq à six lieues à pied dans une journée.

Nous passâmes notre premier examen le même jour , et d'une manière également brillante. C'était un samedi , et notre départ était fixé au lundi suivant. Nous étions convenus d'aller à Saint-Cloud le lendemain dimanche , pour voir jouer les eaux , et passer ensemble la veille de notre départ. Nous partîmes effectivement le lendemain d'assez bonne heure ; après nous être longtemps promenés dans le parc de Saint-Cloud , et avoir visité tout ce qu'il offre de curieux , nous vînmes dîner à Boulogne , et nous nous acheminâmes ensuite vers Paris , en traversant le bois. Nous parlions de la manière dont s'était faite notre connaissance , et de nos projets pour l'avenir. Nous voulions , l'année suivante , loger dans le même hôtel , manger à la même pension , vivre enfin de la même vie.

Tout en causant ainsi, nous étions arrivés au rond Mortemart , et nous nous disposions à le traverser pour gagner l'allée qui conduit à Passy, lorsque quatre cavaliers, qui venaient derrière nous au grand galop, passèrent rapidement. Malheureusement, l'un d'eux, qui se trouvait un peu en arrière, voulant presser son cheval pour atteindre ses camarades, perdit l'équilibre, et tomba lourdement à terre. Saint-Léger et moi, nous courûmes promptement lui porter secours ; mais comme le terrain sur lequel il était tombé est très-sablonneux, il n'avait que de légères contusions, et il était relevé au moment où nous arrivâmes. Il commençait à nous remercier toutefois de notre obligeance, tout en secouant la poussière dont il était couvert, lorsque, nos regards venant à se rencontrer, nous fîmes entendre en même temps l'un et l'autre une exclamation de surprise.

« C'est toi, Lascy !

» — C'est toi, Landel ! » et nous tombâmes dans les bras l'un de l'autre. Oui, c'était Landel, que j'avais tant cherché à mon arrivée à Paris, dont l'absence m'avait tant contrarié, et dont je n'avais pas entendu une seule fois parler, depuis le commencement de l'année scolaire. Nous n'avions encore eu le temps d'échanger que quelques paroles , quand ses compagnons , inquiets de sa chute , revinrent sur leurs pas pour en avoir des nouvelles.

« Parbleu , messieurs , leur dit-il , jamais je n'ai fait une chute si heureuse , car elle me fait retrouver un ami que je croyais au moins à cent lieues d'ici. Permettez , messieurs , que je vous présente le baron de Lascy. Baron , j'ai l'honneur de te présenter le vicomte d'Egmont , le marquis d'Elmas , et le chevalier de Beaulieu ; » et il me désignait chacun des trois cavaliers qu'il nommait de ces noms aristocratiques.

« Eh bien ! mon cher Landel , dit aussitôt celui qu'il avait appelé le vicomte d'Egmont , invite ces messieurs à notre réunion pour ce soir... Plus on est de fous , plus on rit ; nous serons d'ailleurs charmés de faire plus ample connaissance avec eux.

» — Tu préviens mes désirs , mon cher vicomte , reprit Landel. » Et , passant son bras dans le mien, « il est entendu, mon cher , me dit-il , que nous ne nous quittons pas de la soirée. Il faut fêter gaiement notre réunion ; Messieurs , je vous déclare que je ne remonte pas sur cette maudite bête qui vient de me jouer un si vilain tour ; dans quelques minutes , nous serons à Passy , là nous prendons une voiture pour trois , tandis que vous irez commander le souper au café anglais.

» — Voilà ce que c'est , dit d'Elmas , que de vouloir lutter avec un cheval de louage contre des chevaux pur sang !...

» — Allons , j'en conviens , j'ai perdu mon pari ; mais une autre fois vous me donnerez ma revanche.

» — Bien volontiers , et quand tu voudras , dirent les trois cavaliers , nous allons en attendant commander le souper. Tâchez de ne pas vous faire attendre. » Aussitôt ils tournèrent bride et se dirigèrent du côté de la Muette.

Pendant toute cette conversation que j'abrège encore , nous n'avions pas dit un mot , Saint-Léger et moi. Je ne pouvais revenir de ma surprise de rencontrer Landel , au milieu de ces jeunes gens à la mode et qui paraissaient appartenir à la haute classe de la société , lui dont le père était tout simplement un marchand de vins des environs de Beaune.

Quand nous fûmes seuls, Landel prit la bride de son cheval d'une main, et appuyé sur mon bras, nous nous acheminâmes, en causant, vers Passy.

« Eh bien, mon cher, depuis quand es-tu à Paris ?

» — Depuis que tu m'as engagé toi-même à y venir. As-tu donc oublié la lettre que tu m'as écrite l'année dernière, et les offres de service qu'elle contenait ? Il paraît que les nouvelles connaissances que tu as faites ont bientôt effacé le souvenir de tes anciens amis.

» — Tes reproches sont injustes, mon cher, mais j'avoue que je les ai mérités. Si tu savais que d'évènements me sont arrivés depuis un an !... Je te raconterai tout cela, et tu verras que je ne suis pas aussi coupable envers toi que tu le supposes.

» — Tu as donc abandonné l'étude du droit, car chaque trimestre j'allais m'informer si tu avais pris une inscription, afin de connaître ton adresse....

» — Non, je n'ai pas quitté le droit ; il

est vrai que cette année je n'ai pas pris d'inscription , toujours par suite des évènements dont je viens de te parler ; mais l'an prochain , je compte bien me remettre au courant , et puisque tu as fini ta première année , nous allons nous trouver tous ensemble dans le même cours... Je pense que Monsieur est aussi étudiant , ajouta-t-il , en regardant Saint-Léger.

» — Oui , monsieur , répondit celui-ci , et c'est en suivant le même cours que j'ai fait la connaissance de M. de Lascy.

» — C'est parfait , nous allons former une charmante société ; avec les trois jeunes gens qui viennent de nous quitter , nous ferons une demi-douzaine de bons enfants , sans soucis , et capables de descendre gaiement le fleuve de la vie , comme dit la chanson.

» — Ah ça ! mon cher Landel , ne compte pas trop sur Saint-Léger ni sur moi , pour être de vos parties de plaisirs : c'est sérieusement que nous travaillons ; nous ne perdons pas de temps , nous autres , et nos délassements sont simples , et n'ont rien du faste et du bruit de vos réunions.

» — Et qui te parle de ne pas travailler sérieusement ? Mais il faut bien à notre âge quelques instants de distraction ; on ne peut pas se faire ermite , et quand on a bâillé toute une semaine à entendre les leçons de certains professeurs , quand on a bien pâli sur le code civil ou sur les institutes , on peut bien s'amuser un peu le dimanche , et quelquefois même plus souvent. D'ailleurs , quand tu connaîtras ces messieurs , je suis sûr que tu seras de mon avis.

» — Est-ce que par hasard , ces jeunes gens-là sont aussi des étudiants ?

» — Certainement ; mais ce sont des étudiants du bon genre , et qu'on ne rencontre que bien rarement dans le quartier latin. L'un est fils d'un pair de France , l'autre se destine à entrer au conseil d'état, le troisième appartient à la diplomatie ; tous par conséquent ont besoin de faire leur droit , mais ils se contentent de prendre leurs inscriptions et ne paraissent jamais dans les cours. Un professeur leur donne des leçons particulières , et les prépare à passer leurs examens.

» — Et comment as-tu fait pour te lier avec eux ? car, entre nous, je ne vois pas trop comment tu as pu pénétrer dans le salon d'un pair de France, d'un conseiller d'état, ou d'un ambassadeur.

» — Je te raconterai tout cela ; c'est une longue histoire, et qui fait partie des évènements dont j'ai à t'entretenir ; mais nous voici arrivés, je vais reconduire mon cheval à son écurie ; attendez-moi là un instant. »

VI.

Pendant que Landel entrait chez le loueur de chevaux, Saint-Léger me demanda si j'étais décidé à accepter l'invitation de ces messieurs.

« Certainement, répondis-je ; la refuser ce serait faire affront à un ancien ami, et lui montrer trop de rancune pour des torts peu graves qu'il a eus envers moi.

» — Mais moi, je ne puis répondre à cette invitation, et nous allons nous quitter.

» — Comment, répondis-je, nous quitter ? Ne m'avez-vous pas promis de passer cette journée avec moi ?

» — Avec vous , oui , mais non avec ces jeunes gens que je ne connais pas , et dont la société ne saurait me convenir.

» — Mais une fois , en passant , cela n'engage à rien.

» — Non, c'est inutile , je n'irai pas ; vous savez que je suis breton , c'est-à-dire entêté , et que , quand une fois j'ai dit oui , ou non , il est bien difficile de me faire revenir sur une détermination. Vous m'avez fait plaisir quand vous avez dit à M. Landel de ne pas compter sur vous ni sur moi pour compléter , l'an prochain , sa demi-douzaine de joyeux compagnons ; mais je ne veux pas plus en faire partie aujourd'hui que plus tard. »

Je n'insistai pas davantage ; je sentais au fond de mon âme qu'il avait raison , et loin de le blâmer , j'étais presque tenté de l'imiter. Je me trouvais en quelque sorte placé entre le bon et le mauvais ange , représenté l'un par Saint-Léger , et l'autre par Landel ; malheureusement, comme il n'arrive que trop souvent , ce fut le dernier qui l'emporta.

« Partons, dit Landel , qui arrivait en

ce moment, je n'ai pu me procurer que ce tilbury, il est un peu étroit, mais nous nous serrerons.

» — C'est inutile, Monsieur, reprit Saint-Léger, je ne puis vous accompagner ; Lascy connaît mes motifs, et je le charge de faire agréer mes excuses à vous et à ces messieurs. Je pars demain matin pour mon pays, et je n'ai que tout juste le temps nécessaire pour faire mes préparatifs de voyage. »

Là-dessus il fit un grand salut à Landel, et m'embrassant avec cordialité, « adieu, me dit-il, mon ami ; ne m'oubliez pas. » Puis me serrant la main d'un air significatif ; « vous me trouverez toujours le même, ajouta-t-il, » et il s'éloigna...

Je ne pus me défendre d'une vive émotion en voyant partir Saint-Léger. Ma conscience me disait que j'aurais dû le suivre, et que la partie de plaisir, où je m'étais laissé engager si facilement, pourrait avoir des suites funestes pour moi. Je montai machinalement à côté de Landel, et après m'être fait appeler deux ou trois fois.

« Sais-tu que je pourrais à mon tour, me dit-il, quand je fus placé dans la voiture, t'adresser le reproche que tu me faisais tout-à-l'heure; il paraît que ton nouvel ami te fait oublier ton vieux camarade de collége; moi, je suis bon enfant, et je te le pardonne. Du reste, je ne suis pas fâché que ton M. Saint-Léger n'ait pas accepté notre invitation; il a une figure qui me déplaît, et je l'aurais plutôt pris pour un séminariste, que pour un étudiant.

» — Il me semble, mon cher, repris-je, que tu parles un peu lestement d'un jeune homme que tu ne connais pas; eh bien! moi, je te dirai qu'il est rempli d'excellentes qualités, et que sous bien des rapports je serais heureux de lui ressembler. »

Cette apologie de Saint-Léger me paraissait en quelque sorte une transaction avec ma conscience, et je croyais, en le défendant, atténuer la faute que je commettais.

« Je suis loin de contester ces belles qualités, repartit Landel; je suis sûr même qu'il va à la messe, et sans doute à confesse.

» — Cela est vrai.

» — Oh ! délicieux , délicieux ! quel dommage qu'il ne soit pas venu avec nous , il nous aurait beaucoup amusés. J'aurais voulu voir la figure qu'il aurait faite quand il aurait entendu nos gais propos ; ses chastes oreilles auraient frémi d'horreur... Mais , à propos , t'aurait-il par hasard converti , car tu as l'air aussi sérieux que si nous allions à un enterrement ?

» — Je n'ai pas changé de manière de penser sur la religion ; mais je suis d'avis de laisser parfaitement libres ceux qui en ont , de la pratiquer ; je crois, en outre , que c'est un très-mauvais service à leur rendre que de leur ôter cette conviction , qui fait toute leur consolation ici-bas.

» — Tu parles vraiment comme un prédicateur en chaire , et il était temps que je me trouvasse sur ton chemin pour t'empêcher de faire quelque sottise ; mais à présent que je te tiens , nous y mettrons bon ordre. D'abord où es-tu logé ?

» — Place Saint-Etienne-du-Mont.

» — Peut-on habiter un pareil quartier !

» — Je trouve qu'il est très-commode à

cause de son voisinage de l'école de droit, du collége de France, de la Sorbonne, et de la bibliothèque Sainte-Geneviève.

» —Mais, mon cher, tu veux donc t'enterrer tout vif.... Eh bien moi, je loge rue du Helder; j'ai un délicieux appartement de garçon, à l'entresol d'un hôtel tout voisin du boulevard; comme il est assez grand, je pourrai t'y recevoir, si tu le veux, en attendant que tu aies trouvé quelque chose de convenable; mais je ne souffrirai pas que tu restes un jour de plus place Saint-Etienne-du-Mont. Fi donc! on doit sentir dans ce quartier les exhalaisons de la place Maubert!

» — Nous avons le temps de nous occuper de tout cela, car demain je dois partir pour la Franche-Comté, où je resterai jusqu'au mois de Novembre.

» — Tu ne partiras pas demain.

» — Pourquoi donc? ma place est retenue.

» — Que m'importe; mais il ne sera pas dit que je t'ai retrouvé d'une manière si pittoresque, pour que je te laisse partir si vite.

» Oh ! mais j'oubliai de te prévenir d'une chose avant d'arriver auprès de nos amis. Pour former avec eux cette liaison, qui peut avoir pour moi de brillants avantages par la suite, j'ai été obligé pour me conformer à l'usage, de modifier un peu mon nom trop bourgeois, et de le faire précéder de la particule aristocratique. Puis, je ne sais lequel d'entr'eux, un jour, s'avisa de m'appeler, devant une nombreuse société, M. le comte, et ce titre m'est resté, de sorte que je suis connu aujourd'hui dans le monde sous le nom de comte de Landel. Tu sens bien que je n'attache aucune importance à un titre qui ne m'appartient pas, mais le monde est si bizarre que.... »

J'éclatai de rire en interrompant M. le comte, au beau milieu de sa phrase apologétique et embarrassée. « Comment ! m'écriai-je, toi que j'ai connu si partisan de l'égalité républicaine, toi qui ne parlais qu'avec tant de hauteur de la noblesse, et qui ne m'accordas ton amitié, que parce que je partageais tes opinions politiques comme tes opinions religieuses, te voilà

affublé d'un titre d'emprunt; je t'avoue
que j'aurais été plus agréablement sur-
pris, si je t'avais retrouvé ici avec les
idées érémitiques de Saint-Léger.

» — Que veux-tu, mon cher, il faut
bien sacrifier quelque chose au temps où
l'on vit; d'ailleurs j'ai en tête un projet
dont je te ferai part, et j'ai besoin de la
protection de plusieurs hauts personnages
pour parvenir à mon but. C'est pour cela
que j'ai fait la connaissance des jeunes gens
que tu as vus ce matin; c'est pour cela
que je mène avec eux une vie qui te pa-
raîtra peut-être un peu dissipée; mais au
fond de tout cela, souviens-toi que j'ai un
projet sérieux, que je poursuis activement
et par les moyens qui me garantissent le
succès. »

Il me dit ces dernières paroles d'un ton
grave, qui contrastait avec celui qu'il avait
pris depuis notre rencontre, ce qui me
persuada qu'il avait été réellement déter-
miné par quelque motif grave. « Allons,
lui répondis-je, puisqu'il s'agit pour toi
d'une affaire importante, je te promets,
non pas de t'appeler M. le comte, mais de

ne pas rire quand on te donnera ce titre devant moi.

» — C'est tout ce que je te demande, ainsi attention, nous sommes arrivés. »

Nous nous trouvions effectivement en face du café anglais. Nos trois jeunes dandys étaient déjà à la croisée d'un petit salon à l'entresol, où ils fumaient le cigarre en nous attendant. Nous les eûmes bientôt rejoints; après deux mots d'explication, sur le refus de Saint-Léger, on enleva son couvert, et nous nous mîmes à table.

C'était la première fois que je faisais un de ces repas où la délicatesse des mets et des vins, et le luxe du service flattent tous les sens à la fois. J'ignorais les noms de la plupart des mets; jamais je n'avais goûté à certains vins qui nous furent offerts par Landel, (car c'était lui qui régalait par suite de la perte de son pari au bois de Boulogne). Le champagne frappé de glace coulait à flots; puis vinrent le café et les liqueurs. Ma tête, peu accoutumée à supporter les fumées de tant de boissons spiritueuses, s'échauffa promptement, et je devins un des plus bruyants, un des plus tapageurs des acteurs bruyants et tapageurs de cette orgie.

A trois heures du matin, nous étions encore à table; enfin nous nous retirâmes un peu avant le jour. J'étais, comme on le pense bien, incapable de regagner mon appartement de la place Saint-Etienne; aussi Landel n'eut-il pas de peine à me faire consentir à passer le reste de la nuit dans son logement, dont nous n'étions qu'à deux pas.

Je dormis jusqu'à midi, et quand je m'éveillai en regardant autour de moi, j'eus quelque peine d'abord à rassembler mes souvenirs. J'étais seul dans ce moment; bientôt tout ce qui s'était passé la veille me revint à l'esprit; j'eus honte de moi-même; je me repentis de n'avoir pas suivi l'exemple de Saint-Léger; quand je comparais nos divertissements simples, nos repas modestes, avec ce bruit, ce désordre, cette ivresse échevelée, j'éprouvais un remords cuisant.

Tout en faisant ces réflexions, je m'étais levé et je me hâtais de m'habiller, résolu de fuir sans cérémonies, et d'aller préparer mon départ qui devait avoir lieu à cinq heures du soir. Mais au moment où j'allais sortir, la porte s'ouvre tout-à-coup, et je vois entrer M. d'Egmont, suivi de Beaulieu et de Landel.

« Tu nous disais qu'il dormait encore ce cher baron, s'écria d'Egmont!... Tu vois, Landel, qu'il est parfaitement éveillé, et capable de nous tenir tête, au rocher de Cancale, où nous allons déjeûner.

» — Messieurs, répondis-je, il m'est impossible de répondre à votre invitation ; Landel sait que je dois partir, et je n'ai que le temps nécessaire de faire mes préparatifs.

» — Mais tu ne peux pas partir sans déjeûner, reprit Landel ; nous ne te retiendrons qu'une heure, une heure et demie au plus ; ainsi tu auras encore près de quatre heures devant toi ; c'est plus qu'il n'en faut pour se préparer à aller en Amérique. »

Enfin moitié de gré, moitié de force, je me laissai entraîner. Le déjeûner se prolongea jusqu'à quatre heures ; je voulus alors partir, malgré les efforts de mes convives ; Landel fit approcher une voiture et voulut m'accompagner à mon hôtel ; mais je n'étais encore parvenu à arranger qu'une partie de mes effets dans ma malle, que cinq heures sonnèrent à l'église Saint-Etienne-du-Mont.

Il fallait renoncer au départ pour ce jour-là, Landel me conseilla d'achever ma malle et de la transporter chez lui ; j'étais comme étourdi, comme entraîné par un vertige qui semblait m'ôter toutes mes facultés. Je fis tout ce qu'il voulut et une heure après j'étais installé chez lui rue du Helder.

Le soir, nous allâmes à l'Opéra. Là nous retrouvâmes une partie des jeunes gens de notre société. Ils me félicitèrent du parti que j'avais pris de rester, et l'on décida une partie de campagne pour le lendemain. Le surlendemain ce fut une autre fête ; toute la semaine se passa ainsi en divertissements, en spectacles, en parties de campagne.

J'étais honteux, quand je rentrais en moi-même, de cette vie désordonnée. Je regrettais parfois les plaisirs purs et simples que je goûtais avec Saint-Léger ; mais ces instants de remords duraient peu, et je commençais à trouver du charme à ces fêtes bruyantes, à ces joies excentriques, à toutes ces folies des jeunes gens à la mode.

Leur conversation m'avait paru dès l'abord assez insignifiante. C'était pour moi un jargon inintelligible, un babil brillant et spirituel, qui me faisait sourire, mais qui ne m'intéressait nullement. Peu à peu, quand j'eus la clef de leur langage, quand je compris une foule d'allusions, dont le sens m'était caché d'abord, je fus émerveillé de leurs saillies. La conversation de Saint-Léger, toujours sage, même quand elle était enjouée, me plaisait autrefois, parce qu'elle me faisait réfléchir et qu'elle m'instruisait ; celle de mes nouveaux amis m'amusait sans m'instruire, et elle commençait à me plaire davantage. Bientôt je pris leurs manières, leur ton, leur façon de parler ; on applaudit au sel de mes réparties ; on répétait mes bons mots, on leur prêtait un sens plus spirituel que je n'avais eu intention de leur donner, et ces éloges achevaient de me tourner la tête.

Je ne pensais plus à mon départ, et je ne sais quand il se serait effectué, si une lettre que je reçus du docteur Morizot ne fût venue m'arracher à cette nouvelle existence de folie et de dissipation. Il ne se doutait pas, le digne homme, du changement que quelques jours avaient amené dans son pupille ; il craignait que le retard apporté à mon voyage ne fût occasionné par une maladie, suite de mes travaux assidus pendant l'année qui venait de s'écouler. Il me priait de le tirer au plus tôt d'inquiétude, ainsi que sa femme, ma seconde mère, qui se désolait de mon absence prolongée.

Il me félicitait ensuite de la manière dont je m'étais conduit à Paris ; tout ce qu'il avait appris par ma correspondance lui avait été pleinement confirmé par un des professeurs de l'école de droit, qui était venu passer les vacances dans les environs, et à qui il était allé faire visite pour avoir de mes nouvelles. Il terminait sa lettre par ce passage : « Je suis heureux d'apprendre que vous soyez sorti à votre honneur de cette année d'épreuves, qu'il me tardait de vous voir terminer. C'est pour moi une garantie de votre conduite à venir, et pour vous donner une preuve de ma confiance en vous, j'ai résolu de vous faire émanciper aussitôt après votre arrivée ici. Mes occupations ne me permettent guère de me livrer utilement à l'administration de vos biens ; vous êtes en âge de vous en charger vous-même, ainsi j'ai réglé votre compte de tutelle, je vous en remettrai le reliquat, et dorénavant vous toucherez vous-mêmes vos revenus. »

Dire que cette lettre réveilla en moi les souvenirs et les sentiments qu'elle aurait dû y faire naître, ne serait pas la vérité ; je fus bien un peu ému, mais ce qui me frappa le plus, ce fut l'idée que j'allais disposer de mes revenus, et que je serais par conséquent maître de continuer à fréquenter mes nouvelles connaissances, ce qui m'eût été impossible avec la modique pension que me faisait mon tuteur. Jusqu'à ce jour cette pension avait plus que suffi à ma dépense, et au moment où j'avais retrouvé Landel, il me restait une somme assez considérable que je ne pouvais pas dire avoir économisée, mais n'avoir pas eu occasion de dépenser. J'avais le projet de l'employer à acheter des livres; mais pendant les huit jours qui venaient de s'écouler, elle s'était promptement dissipée en objets de toilette, en louage de chevaux, en billets de spectacle, et en dépenses dans les cafés et les restaurants.

Quand je lus cette lettre à Landel, il en fut émerveillé. « O le brave, le digne homme, que ton docteur Morizot!... Me voilà pleinement réconcilié avec lui, car tu sais que quand il venait te voir au collége, je ne l'appelais que Mr Purgon, et que nous nous sommes plus d'une fois querellés à son sujet; mais aujourd'hui, réparation complète, je le proclame et je le répète, c'est un brave et digne homme! Songe que tu n'as que dix-neuf ans, et qu'il pouvait pendant deux ans encore te retenir sous sa férule, et voilà qu'il te donne la clef des champs, avec huit à dix mille francs de rente, sans compter le reliquat du compte de tutelle. Pars vite, mon cher, pars à l'instant; aujourd'hui je ne te retiens plus; mais hâte-toi de revenir nous trouver, car tu as encore besoin de nos leçons pour te former. Tu montres d'heureuses dispositions, nos amis sont contents de toi; ce serait dommage si tu ne répondais pas à nos soins et si tu trompais nos espérances. »

Ce langage, qui aurait dû m'ouvrir les yeux, et qui m'aurait révolté quinze jours auparavant, me fit simplement sourire, et je me contentai de lui répondre : « Ne t'imagines pas, mon cher, que je veuille continuer à mener, l'an prochain, la vie dans laquelle tu m'as jeté depuis huit jours. Je consens bien à voir le monde un peu plus que je ne l'ai fait jusqu'ici, mais je ne prétends pas que mes études en souffrent.

» — Et qui te parle de faire souffrir tes études? Faire marcher de front le travail et les plaisirs, c'est le talent de tout être bien organisé; et personne mieux que toi n'est capable de le posséder, si tu veux suivre mes conseils. Allons maintenant retenir ta place à la diligence, puis nous irons rejoindre ces messieurs, et faire ensemble le déjeûner d'adieu.

» — Oui, pour me faire encore manquer le départ comme lundi dernier.

» — Pour cela, il n'y a pas de danger. Tu n'avais pas alors un motif aussi sérieux qu'à présent, et nous nous étions tous donné le mot pour te retenir ; mais je te réponds qu'aujourd'hui, si par hasard tu l'oubliais, nous serons les premiers à te rappeler l'heure du départ. »

Tout se passa effectivement comme il venait de me l'annoncer. Le déjeûner fut gai, bruyant, animé, mais sans excès. Tous ces jeunes gens me firent les plus vives démonstrations d'amitié, et me firent jurer de revenir le plus promptement possible, puis ils m'accompagnèrent jusqu'à la cour des messageries, où ils me renouvelèrent leurs adieux, et ne me quittèrent qu'après m'avoir vu partir.

VII.

Ces huit jours d'une vie de dissipation et d'excès m'avaient complètement métamorphosé. Je ne me sentais plus de goût pour ce que j'avais aimé jusqu'alors ; une ardeur fiévreuse, inconnue, me dévorait. J'avais goûté à la coupe empoisonnée, et tout le reste me paraissait fade et insipide. Huit jours plus tôt, je serais parti heureux, enchanté d'aller revoir les lieux témoins des jeux de mon enfance ; aujourd'hui, je regrettais Paris et ses joies tumultueuses ; l'idée du calme et de la paix dont on jouit dans la solitude, ne m'apparaissait que sous la forme de la tristesse et de l'ennui.

C'est avec de telles dispositions d'esprit que s'accomplit mon voyage. A peine si la vue de ce joli vallon du Doubs , que j'aimais tant à parcourir autrefois, excita en moi quelques réminiscences du passé. L'accueil paternel du docteur , les caresses si naïves de sa femme , ne firent plus vibrer dans mon cœur cette corde de sensibilité , si facile à émouvoir autrefois. Ils ne s'aperçurent pas toutefois de mon changement, car j'avais avec eux plus d'empressement, plus d'égards même qu'auparavant , comme si j'eusse voulu couvrir par des démonstrations extérieures , le vide qui s'était fait dans mon âme. J'éprouvais déjà le triste effet des passions , qui venaient de s'élever dans mon sein ; je sentais qu'elles me desséchaient le cœur, et qu'elles étouffaient les plus nobles sentiments qui y étaient renfermés.

Mon tuteur se serait peut-être aperçu de mon changement , si nous avions passé plus longtemps ensemble ; mais une affaire importante , et dont je n'ai connu que plus tard l'objet, le forçait à faire un voyage en Allemagne. C'était un des motifs qui lui faisait attendre avec impatience mon retour, et presser les formalités de mon émancipation. Effectivement, dès le lendemain de mon arrivée, il écrivit au juge de paix, pour faire assembler le conseil de famille ; tout fut bientôt terminé ; le docteur me remit en main douze mille francs, comme reliquat de son compte de tutelle, et quand tout fut signé, il partit pour Strasbourg, en me recommandant bien d'avoir soin de ma bonne mère pendant son absence, qui devait se prolonger tout le temps que dureraient mes vacances.

Je passai ces deux mois dans un ennui mortel. Mes seules distractions étaient la pêche, la chasse et la lecture. Autrefois, elles eussent suffi au delà pour remplir agréablement toutes mes journées ; mais elles me paraissaient trop simples et trop monotones aujourd'hui. En vain, Mme Morizot essayait-elle à me distraire par tous les moyens que lui suggérait son aimable bienveillance ; elle ne s'apercevait que trop que le séjour de la capitale m'avait fait perdre le goût de la vie modeste et paisible. .

Enfin, dans les premiers jours de novembre, nous reçûmes une lettre du docteur. Elle nous annonçait qu'il prolongerait son séjour de près d'un mois, et il m'engageait à ne pas attendre son retour, malgré tout le plaisir qu'il aurait eu à m'embrasser avant mon départ. Il me recommandait aussi de placer en rente, sur l'état, les douze mille francs qu'il m'avait remis, ce qui augmenterait mon revenu d'environ six cents francs.

Je me hâtai de profiter de la permission, et, quelques jours après, je partis pour Paris.

Landel et ses amis m'attendaient. Il fallut leur rendre compte des résultats de mon voyage, des sommes que j'avais touchées, du montant de mes revenus, en un mot de l'état complet de ma fortune. Cette curiosité aurait pu de la part de tout autre me paraître choquante, ou du moins assez étrange, mais ils savaient donner à leurs questions un certain tour, qui me les faisait paraître l'expression de l'amitié et de l'intérêt.

Le chevalier de Beaulieu, le futur diplomate, qui en cette qualité était l'orateur de la troupe, quand il s'agissait de parler sérieusement, ce qui était assez rare, prit la parole :

« Or çà, résumons-nous. Vous avez six mille francs en rente sur l'état, ce qui nous représente, en supposant la rente au pair, un capital de cent vingt mille francs, plus une propriété en Touraine, de deux à trois mille francs de revenu, ce qui fait, à raison de deux et demi à trois pour cent, que rapportent les propriétés foncières, un capital d'environ cent mille francs ; total deux cent vingt mille francs. Vous avez maintenant en caisse environ dix-huit mille francs disponibles, provenant du reliquat de votre compte de tutelle, et de ce que vous avez touché de vos revenus ; eh bien ! puisque vous nous faites l'honneur de nous consulter (je ne les avais pas consultés du tout), voici quel est mon avis sur l'emploi de votre fortune. D'abord je vous ferai observer qu'elle est peu considérable, je dirais même qu'elle est médiocre et insuffisante pour briller dans le monde avec un certain éclat, si vous n'apportiez dans vos affaires beaucoup d'ordre et d'économie. »

Après cet exorde, le chevalier fit une pause, comme pour se recueillir. J'étais toute oreille, et j'avoue que ce début m'intéressait vivement, attendant avec impatience les conseils pleins de sagesse, que pouvaient enfanter les folles têtes qui m'entouraient.

« Vous prendrez un appartement de garçon, de douze à quinze cents francs ; pour ce prix, vous aurez quelque chose d'assez propre, mais sans luxe. Vous aurez pour quatre mille francs un mobilier passable ; vous ne pouvez pas avoir équipage, mais un cabriolet vous est indispensable. Pour six mille francs, je me charge de vous procurer ce qu'il vous faut, y compris le cheval et les harnais. Il vous restera huit mille francs pour vos dépenses courantes, et pour attendre la rentrée de vos revenus. Voilà comme je règle l'emploi de vos fonds en caisse. Quant à vos capitaux, il est inutile d'en parler maintenant, puisque vous n'en n'avez pas encore la disposition ; mais quand vous serez majeur, je me charge de vous les placer avec toute garantie à dix pour cent au moins, ce qui vous fera tout de suite vingt-deux mille francs de rente. Que pensent ces messieurs de mon avis ? »

Chacun l'approuva, et je me gardai bien de le contredire en rien. Tout fut exécuté de point en point. Dès le lendemain je fus installé rue d'Artois, et je pris rang parmi les *lions* du boulevard des Italiens.

Je voulus d'abord, comme l'avait dit Landel, faire marcher de front l'étude et les plaisirs ; mais j'appris bientôt qu'un tel projet était une chimère, et qu'il fallait renoncer à l'une ou aux autres. Malheureusement, quand je fis cette découverte, il était bien tard pour reculer, et j'étais entré dans cette voie qui vous entraîne à l'abîme, dès que vous avez eu le malheur d'y mettre le pied.

Dans les premiers jours de mon arrivée à Paris, j'étais allé rendre visite à Saint-Léger. J'avais conservé de l'affection pour ce camarade, et je lui proposai de nous voir quelquefois, car je comprenais que mon nouveau genre de vie devait faire disparaître l'intimité et la fréquence de nos relations antérieures.

« Vous habitez un quartier bien éloigné, me répondit-il ; c'est presque un pays étranger pour moi. J'irai vous voir quelquefois, et chaque fois que vous viendrez, vous serez bien reçu ; mais, je le sens, il faut renoncer aux projets de réunion, que nous avions formés la veille de notre départ, et qui me souriaient tant... » et sa voix était pleine de douceur en prononçant ces paroles.

» — Mais, mon cher, repris-je, pourquoi renoncer à nous voir ? Vous qui aimez tant les longues promenades, nous pourrons en faire tant que nous voudrons, maintenant que j'ai un cabriolet à moi.

» — Eh bien, nous verrons cela quand la belle saison sera venue ; si d'ici là vous me conservez votre amitié, j'accepterai quelquefois votre offre avec plaisir. »

Quelques jours après, il me rendit sa visite. Landel et d'Egmont étaient chez moi. Le premier le reconnut aussitôt.

« Tiens, mais je ne me trompe pas ! c'est votre ancienne connaissance du bois de Boulogne. Ah ! cette fois, il ne nous échappera pas , et j'espère bien qu'il sera des nôtres ce soir…. Baron , je te charge de nous l'amener , ou nous serons brouillés. Ainsi , c'est entendu , M. de Saint-Léger , nous comptons sur vous ?

» — Messieurs , je ne vous le promets pas….

» — Comment , comment , il ne s'agit pas de promettre , il s'agit de venir , vous n'avez pas d'excuses aujourd'hui comme la dernière fois. Vous ne partez pas demain pour la Bretagne , j'espère.

» — Mais , monsieur….

» — Point de mais…. »

Pour couper court à cette discussion qui paraissait devoir se prolonger , et qui, je le voyais, fatiguait Saint-Léger , je pris la parole , et je dis à Landel que je me chargeais de décider mon ami à m'accompagner.

Il se contenta de cette promesse , et sortit avec son camarade.

Quand ils furent partis , Saint-Léger me dit : « Vous vous êtes engagé là un peu légèrement , et je vous déclare que je ne vous accompagnerai pas.

» — Bah ! Et pourquoi ? Une fois n'est pas coutume , et je ne vous y engagerais pas si cela devait se renouveler souvent , parce que je conçois que ces sortes de réunions ne sont ni dans vos goûts, ni dans vos habitudes. Mais vous êtes destiné à vivre un jour dans le monde ; il est bon de tout connaître , afin de bien juger.

» — Écoutez , M. de Lascy , me répondit Saint-Léger , je crois connaître assez ces messieurs pour être convaincu qu'il n'existe entre eux et moi aucune sympathie. Je serais étranger au milieu d'eux , et par mon langage , et par mes vêtements , et probablement aussi par mes sentiments et par mes principes. Je serais exposé à leurs sarcasmes , à leur humeur railleuse.

» — Mais vous oubliez , mon cher , que s'ils se permettaient envers vous quelques railleries déplacées , je ne le souffrirais pas.

» — J'en suis persuadé ; mais je veux vous éviter les conséquences fâcheuses que pourrait amener votre amitié pour moi. » Puis, me serrant affectueusement la main, il prit congé de moi, et sortit.

Dès-lors, je ne le revis plus, que dans

l'affreuse circonstance que je raconterai plus tard.

Cependant, au bout de quatre mois, mes fonds, administrés avec l'ordre et l'économie prescrite par Beaulieu, étaient épuisés. On était en plein carnaval, et je n'avais plus d'argent. Je fis part de mon embarras à Landel; il me trouva aussitôt un usurier qui me prêta deux mille francs sur les trois mille que je devais toucher le 22 mars suivant, époque de l'échéance d'un semestre de mes rentes.

Mais, que faire de deux mille francs? j'en avais à peine pour un mois, et après cela il me faudrait attendre six mois sans rien toucher. Je commençais à réfléchir sur ma situation, et peut-être ces réflexions auraient-elles amené quelques bonnes résolutions, quand d'Egmont entra chez moi. « Qu'as-tu, mon cher baron, tu me parais soucieux aujourd'hui. Je lui avouai franchement le motif de ma tristesse.

» — Comment, s'écria-t-il, t'affliger pour si peu ! Quoi, tu as deux mille francs en bourse, un cheval, un cabriolet, un joli mobilier , et pas de dettes , et tu te plains.

» — Mais , mon cher , je ne puis pas aller loin avec tout cela , et il faudra bientôt que je vende mon cabriolet et mon cheval.

» — Ne t'en avise pas , tu passerais sur-le-champ pour un homme ruiné , et tu serais perdu sans ressources. Tu as mille autres moyens de sortir d'embarras.

» — Et quel moyens ? je n'en vois qu'un seul , emprunter ; mais je t'avoue que je n'aime pas faire des dettes.

» — Cependant c'est la ressource ordinaire des jeunes gens , et il n'en est pas un qui ne doive peut-être dix fois ce que tu possèdes en ce moment d'argent comptant. Mais , tiens , il me vient une idée. Prends sur toi seulement cinq cents francs ; j'ai sur moi une pareille somme ; allons à Frascati , nous tenterons la fortune.

» — Ah ! mon cher , tu veux me faire jouer , tu sais que je n'aime pas le jeu , et que si j'ai passablement de défauts , on ne peut pas , du moins , me reprocher celui d'être joueur.

» — Bah ! quel enfantillage ! d'ailleurs

je ne t'engage pas à devenir joueur ; tu sais que moi-même je suis aussi ennemi du jeu ; mais ce que je te propose est une tentative sans conséquence. Si nous perdons, il te restera quinze cents francs, et tu en seras quitte pour restreindre ta dépense du carnaval ; si nous gagnons, et j'en ai l'espoir précisément, parce que nous ne sommes pas joueurs, nous nous trouverons en fonds, et nous n'aurons d'obligation à personne. »

Je me laissai entraîner, et bientôt d'Egmont m'introduisit dans les salons de Frascati.

On a entendu parler sans doute de ces nombreux repaires, ouverts publiquement alors dans Paris, à la cupidité et à l'avarice, où venaient s'engloutir tant de fortunes, où tant de jeunes gens ont perdu leur avenir et leur probité, et d'où sortaient souvent le désespoir, l'infamie et le suicide. Frascati, situé à l'extrémité de la rue Richelieu, à l'angle du boulevard, était la maison de jeu fréquentée par les riches étrangers, et par des gens appartenant à de bonnes familles, qui se trouvaient là , mêlés à une foule d'escrocs de bon ton , et de gens sans aveu.

La manière dont d'Egmont se présenta , les explications qu'il me donna sur les diverses chances du jeu , me firent voir qu'il était plus habitué qu'il ne voulait le paraître de ces sortes de lieux , et m'auraient inspiré de la défiance , si toutes mes fautes précédentes ne m'eussent aveuglé.

Nous nous promenâmes quelque temps dans les salons. J'étais ébloui de voir rouler ces monceaux d'or et de billets de banque qui s'entassaient quelquefois devant les joueurs , puis qui disparaissaient sous le rateau des banquiers , comme ces monceaux de sable que le vent amasse et disperse tour-à-tour sur le rivage de la mer.

Enfin , nous nous fixâmes auprès d'une table de trente et quarante. Je hasardai quelques pièces d'or sur le tapis.... Je perdis.... Je voulais m'arrêter , d'Egmont m'encouragea ; je doublai la somme , je gagnai. Après quelques instants d'alternative , où la perte et le gain se balancèrent , il me vint tout-à-coup une chance favorable ; l'or et les billets de banque pleuvaient devant moi. J'en remplissais mes poches sans compter ; j'en laissais une partie sur le tapis vert, et ce que j'avais laissé était doublé, quadruplé en un instant... Tous les yeux étaient fixés sur moi, je ne voyais rien, je n'entendais rien de ce qui se passait autour de moi ; j'étais dans une ivresse, dans un délire indicible. Enfin, d'Egmont s'approcha de moi, et me dit à l'oreille : « Il est temps de nous retirer... Ramasse tout ce qui est devant toi, et partons... Sans attendre ma réponse, il prit lui-même tout l'or et les billets entassés devant moi, et il m'entraîna hors de la salle.

Nous nous jetâmes dans mon cabriolet qui m'attendait dans la cour, et en quelques minutes nous fûmes rendus chez moi.

« Eh bien ! mon cher, qu'en dis-tu ? mon conseil était-il bon ?

» — Ah ! mon cher, je n'en reviens pas, je suis encore tout étourdi de ce qui vient de m'arriver.

» — Il ne faut pas comme cela s'étourdir ; si je ne t'avais pas retiré à temps, tu allais perdre en un instant tout ce que tu avais si lestement gagné... Ta chance était épuisée. Voyons , comptons maintenant notre bénéfice... »

Nous vidâmes à l'instant nos poches sur une table... Nous trouvâmes la somme énorme de quarante mille francs !... D'Egmont prit vingt mille francs pour sa part , et je serrai le reste dans mon secrétaire.

Bien des lecteurs peut-être envieront mon bonheur ; hélas ! ce gain inespéré, cette chance prétendue si heureuse , fut la cause de ma perte totale , comme on le verra dans la suite. Si j'avais eu la chance défavorable , ou pour mieux dire , si j'avais eu le bonheur de perdre non-seulement les cinq cents francs que j'avais portés au jeu , mais même les deux mille francs que je possédais alors , l'embarras où je me serais trouvé m'aurait peut-être ouvert les yeux ; j'aurais vendu mon cheval, mon cabriolet , mes meubles de luxe , et je serais peut-être revenu occuper ma modeste chambre de la place Saint-Étienne ; je n'aurais pas, du moins , contracté une passion de plus, la vile et funeste passion du jeu. Mais peut-être fallait-il que je subisse les rudes épreuves auxquelles j'étais

encore réservé, pour sentir toute la puis-
sance de la main qui seule était capable de
me retirer de l'abîme.

D'Egmont me recommanda en partant
de ne pas parler à nos camarades de
l'évènement qui nous était arrivé, parce
que, disait-il, ils ne manqueraient pas de
nous harceler, pour nous emprunter de
l'argent, dont ils n'étaient pas aussi bien
fournis qu'ils le paraissaient.

Quand il fut parti, et que je fus un peu
remis de ma première surprise, je réfléchis
plus attentivement sur ce qui venait de se
passer. D'Egmont n'avait pas hasardé une
seule pièce de monnaie, c'était moi seul
et avec mon argent, qui avais gagné les
quarante mille francs, dont il avait pris
sans façon la moitié. Ce procédé me parut
un peu leste ; cependant je résolus de ne
pas lui en parler, puisqu'après tout c'était
à son conseil que je devais cette fortune
inespérée. D'ailleurs qui m'empêcherait,
maintenant que j'étais initié, d'aller seul
à Frascati, quand je le voudrais, et d'y
tenter une nouvelle expérience de mon
bonheur au jeu ? Pourquoi n'irais-je pas

à l'instant même ? Il était encore de bonne heure, et je ne me sentais nulle envie de dormir.

Cette idée ne m'eut pas plus tôt traversé l'esprit que je songeai à l'exécuter. Je pris dix mille francs sur moi, et traversant le boulevard à pied, je fus bientôt arrivé dans ce que j'appelais le temple de la fortune.

Je me plaçai dans un autre salon que celui où je m'étais arrêté la première fois, et je recommençai à l'instant à jouer. En moins d'un quart-d'heure je perdis cinq mille francs. « Allons, pensai-je, apparemment que cette table ne m'est pas aussi favorable que l'autre, ou peut-être, comme le disait d'Egmont, ma chance est-elle ajournée. »

Tout en faisant ces réflexions, je m'approchai de la première table où j'avais été si heureux. Elle était tellement encombrée de spectateurs et de joueurs, qu'à peine pouvait-on pénétrer à travers les rangs serrés qui l'environnaient. Je parvins difficilement à me faire jour à une des extrémités, en demandant à un de mes voisins quelle était la cause de cet encombrement extraordinaire. « C'est, me répondit-il, pour voir un jeune homme qui joue comme un fou ; tenez, regardez, le voilà qui place une poignée de billets de banque sur le tapis… Je regardai, en effet ; mais quelle fut ma surprise, en reconnaissant d'Egmont ! d'Egmont qui se disait quelques instants auparavant l'ennemi du jeu ! Ah ! c'était donc pour venir à mon insu courir aussi les chances du hasard, qu'il s'était empressé de me quitter. »

De toutes les passions, aucune ne rend égoïste comme celle du jeu. Je trouvais mauvais que d'Egmont ne m'eut rien dit de ses projets, et moi-même j'avais formé la résolution de ne plus m'associer avec personne. « Ah ! enfin, le voilà qui gagne. — Il était temps. — Cela ne durera pas, il ne sait pas maîtriser sa veine. « Ces propos, que j'entendais sortir de différentes bouches, firent trève à mes réflexions, et comme la plupart des curieux qui m'entouraient, je suivis des yeux le jeu de d'Egmont. Il ne pouvait m'apercevoir, absorbé qu'il était par l'action qui l'occupait tout entier, et d'ailleurs le groupe au milieu duquel j'étais placé me dérobait à ses regards. Il eut quelques coups heureux. « Il devrait s'arrêter, dit une des voix qui avaient parlé tout à l'heure ; cela va tourner. — Oh ! si j'avais de l'argent, disait un autre, je jouerais la chance contraire à la sienne, et je serais sûr de gagner, car je le connais, c'est un des plus mauvais et des plus malheureux joueurs qui existent. »

Cette dernière réflexion, tout en me confirmant mes soupçons sur le compte de d'Egmont, me fit naître une pensée que j'exécutai aussitôt. Je jouai, comme venait de le dire mon inconnu, la chance contraire à celle de d'Egmont, et je gagnai. Je mettais exactement les mêmes sommes que je le voyais exposer, et dans une demi-heure au plus, je me trouvai avoir réalisé un bénéfice de trente mille francs, qui représentait exactement la perte qu'avait dû faire d'Egmont dans le même espace de temps. Il cessa de jouer alors.

Je m'esquivai bientôt à travers la foule et je regagnai mon logement, où j'allai réunir mon nouveau gain à celui que j'avais réalisé quelques heures auparavant.

Je suis entré dans quelques détails sur cet évènement, parce qu'il fut une des principales causes de nos plus grandes fautes et des malheurs qui devaient en être la suite. Je me livrai dès-lors à un luxe effréné, et à tous les excès; je croyais avoir rencontré une mine inépuisable, où je pourrais à volonté trouver de quoi subvenir à toutes mes folles dépenses; aucun frein désormais ne me retenait plus dans la carrière insensée que j'allais parcourir.

Je n'écris pas ici mes confessions; aussi je passerai sous silence toutes les turpitudes dont cette époque de ma vie fut tachée. C'est déjà trop de m'en être rendu coupable; je ne voudrais pas souiller ce livre destiné à honorer la mémoire d'un homme de bien par le tableau hideux de mes fautes, que je voudrais effacer au prix de mon sang.

Qu'il me suffise de dire qu'en peu de temps je me signalai par les plus grands désordres. Les études sérieuses, la pensée de mon avenir, le soin de ma réputation, tout fut abandonné pour me livrer sans contrainte au tourbillon qui m'entraînait.

Le docteur Morizot connut bientôt ma conduite. Il m'écrivit des lettres touchantes qui autrefois m'auraient fait fondre en larmes ; je lus les premières avec indifférence , celles qui leur succédèrent furent souvent l'objet de mes railleries , et je poussai l'infamie jusqu'à les livrer aux plaisanteries et aux rires de Landel et de ses amis.

On conçoit qu'avec un tel genre de vie les cinquante mille francs que j'avais gagnés au jeu ne devaient pas durer longtemps. En trois ou quatre mois tout était absorbé. Cependant j'avais joué encore, et la chance avait continué de me favoriser , non pas, il est vrai, d'une manière aussi brillante que le premier jour, mais assez pour augmenter en moi la funeste passion du jeu. D'Egmont qui avait aussi continué à jouer, mais plus malheureusement que moi, s'était attaché à mes pas , et à chaque instant m'empruntait de l'argent. Il était venu, dès le lendemain du jour où il m'avait introduit à Frascati, me raconter ses malheurs, dont je n'avais soupçonné qu'une partie.

« J'aurais voulu, me dit-il, gagner une somme assez considérable à mon tour, pour la partager avec toi, comme tu l'avais fait toi même; mais j'ai eu un malheur inouï, j'ai perdu non-seulement les vingt mille francs que j'avais emportés de chez toi, mais dix mille francs que j'avais encore à moi, et dont j'ai aujourd'hui le plus grand besoin. Aussi je viens sans façon te prier de me prêter cette somme pour quelques jours seulement, car je dois toucher vingt mille francs chez mon banquier, à la fin du mois. Je me laissai persuader, et je lui prêtai dix mille francs. Non-seulement il ne me les rendit pas à la fin du mois, mais il fallut lui prêter encore deux mille francs, puis une autrefois mille écus. Il paraît que s'il avait craint que mes camarades ne m'empruntassent de l'argent, c'était parce qu'il s'en réservait le monopole pour lui-même.

Quand je me trouvai à sec, je lui redemandai mon argent. Impossible d'en rien obtenir.

« Tout ce que je puis faire pour toi,
mon cher, c'est de te donner ma signature,
et de t'indiquer le moyen d'escompter mon
billet. » Il fallut bien me contenter de
cette offre. Il me conduisit chez un individu
qui, m'ayant demandé mes papiers pour
s'assurer de mon identité, refusa d'abord
de traiter parce que j'étais encore mineur.

« Mais, dans deux mois je serai majeur.

» — Eh bien ! revenez donc dans deux
mois, répondit-il du plus grand sang-froid.

» — Mais il m'est impossible d'attendre jusque-là.

» — J'en suis bien fâché, mais je ne
puis faire autrement. »

D'Egmont le supplia à son tour, et à
la fin l'usurier paraissant s'attendrir :
« Voici ce que je pourrais faire pour vous,
monsieur le baron ; mais je cours une
terrible chance, et c'est parce que je vous
crois un parfait honnête homme que je
veux bien consentir à vous rendre service.
Dans deux mois, dites-vous, vous serez
majeur, eh bien, souscrivez-moi un effet
qui portera une date postérieure à votre
majorité.

» — Je ne vois aucun inconvénient à cela.

» — Vous, sans doute; mais moi, je cours une terrible chance, et si l'un de vous deux venait à mourir avant cette époque, si vous vouliez même protester contre votre signature, et soutenir que vous étiez mineur quand vous avez souscrit ce billet et tant d'autres difficultés que je prévois...

» — Ne craignez rien, monsieur, d'Egmont et moi nous nous portons bien, et il n'est pas probable que l'un de nous mourra d'ici à deux mois; quant à des contestations sur la validité du billet je suis incapable.....

» — Je vous crois, monsieur, je vous crois; mais en raison des chances que je cours, je ne puis vous prêter que la moitié de la somme que nous mettrons sur vos billets. Ainsi, si vous voulez avoir quinze mille francs, il faut me souscrire pour trente mille francs d'effets. »

J'eus beau me récrier contre une pareille usure. Notre homme fut inflexible, et j'en passai par tout ce qu'il voulut. Ces quinze mille francs suffirent à peine pour me faire atteindre ma majorité. Dès que ma vingt-unième année fut accomplie, je m'empressai de vendre mes rentes sur l'état, et de faire afficher ma propriété en Touraine. D'Egmont prétendait avoir trouvé un calcul infaillible, au moyen duquel, avec seulement cinquante à soixante mille francs, nous devions gagner des millions à Frascati, et peut-être faire sauter la banque des jeux; j'étais complètement entré dans ses idées, et il me tardait d'être en état de les mettre à exécution!

Il tenait ce secret merveilleux d'un joueur émérite, qui avait passé cinquante années de sa vie à calculer toutes les chances de la roulette et du trente et quarante, et qui était mort au moment où il allait en tirer parti pour lui-même.

Nous essayâmes d'abord avec de petites sommes, et tout réussit parfaitement; alors ne doutant plus de l'excellence d'un tel procédé, je voulus tenter la spéculation sur une plus grande échelle. Quelque temps cela marcha assez bien; mais un beau jour, en poursuivant une chance *infaillible*, je perdis plus de cent mille francs, c'est-à-dire à peu près ce qu'avait produit la vente de mes rentes. Au lieu d'ouvrir les yeux et de m'arrêter, je n'en devins que plus acharné à courir à ma perte. Je pressai la vente de mon domaine de la Touraine, et bientôt l'argent que j'en tirai alla s'engloutir dans le gouffre qui avait déjà dévoré le capital de mes rentes.

Je ne revenais pas de ma surprise. Avec cinq cents francs, en jouant au hasard, et machinalement, j'avais gagné des sommes énormes, et je venais de perdre toute ma fortune en soumettant mon jeu à des calculs *infaillibles*. Cette réflexion me rendit le courage. Je fis quelque argent en vendant mes chevaux et mes voitures, (car j'avais équipage complet) et je me mis à jouer comme la première fois, sans suivre aucune règle et en m'abandonnant tout-à-fait au hasard. Mais comme le dirent les joueurs, la chance avait tourné, et je perdis jusqu'au dernier écu que je possédais.

C'est alors que les réflexions pénibles commencèrent à m'assaillir. Pour comble de disgrâce, je trouvai en rentrant chez moi une foule de fournisseurs qui ne m'avaient jamais demandé d'argent dans le temps de ma prospérité, et qui arrivaient aujourd'hui, chacun un long mémoire à la main. La vente de mes voitures et de mes chevaux leur avait donné l'éveil, et ils étaient accourus, prévoyant ma ruine, pour tâcher de se faire solder. Comme je n'avais rien à leur donner, ils furent obligés de se contenter de ma signature à une courte échéance.

Lorsque je me fus débarrassé d'eux, j'envoyai chercher un tapissier pour acheter mes meubles, qui m'avaient coûté plus de douze mille francs. Il m'en offrit le tiers, et nous étions tombés d'accord, quand tout à coup entre un personnage vêtu de noir, qui me remet un papier par lequel, au nom du propriétaire, il me sommait d'avoir à remettre, à lui huissier, une somme de trois mille francs montant d'un terme échu et du terme courant, faute de quoi il allait procéder à la saisie des meubles et effets garnissant le local que j'occupais.

Quand il eut fini la lecture de son grimoire, le tapissier me dit : « Parbleu, Monsieur, je vous offre de vous tirer d'embarras. Je vais compter trois mille francs à Monsieur, et il vous reviendra encore mille francs que je vous remettrai à l'instant. Cela peut-il s'arranger ainsi ?

» — Oui, dit l'huissier. Aussitôt il tira de son portefeuille trois billets de mille francs, qu'il remit à l'homme de loi, puis au moment où il s'apprêtait à m'en donner un pour compléter les quatre mille francs ; attendez un instant, dit l'huissier. » Et tirant de sa poche un nouveau papier timbré, il me fit sommation d'avoir à lui payer, à la requête d'Isaac Bloum, la somme de trente mille francs, montant de plusieurs effets souscrits à son profit, solidairement, par le sieur d'Egmont et baron de Lascy, tous deux majeurs, et jouissant de leurs droits, (il appuya avec intention sur ces derniers mots) faute de quoi ils y seraient contraints par toutes voies légales, même par corps.

« Quoi ! m'écriai-je, vous allez me mener en prison ?

» -- Non, monsieur, ce n'est que la

signification d'un jugement par défaut,
mais si vous le laissez devenir définitif,
vous serez alors exposé à être appréhendé
par un garde du commerce, car, Dieu
merci, ce n'est pas nous à Paris, qui
sommes chargés de ce vilain métier.

» — Enfin, est-ce tout? et pourriez-
vous me laisser tranquille?

» — Je n'ai plus qu'un mot à dire à
monsieur ; c'est qu'il consente à ce que
M. le tapissier me remette les mille francs
qu'il lui doit, pour les porter à compte du
montant du jugement rendu en faveur de
M. Isaac Bloum, sinon, et en vertu des
pouvoirs dont je suis porteur, je vais faire
saisie-arrêt entre les mains dudit tapissier,
avec défense à lui de payer ladite somme de
mille francs, à d'autres qu'au réquérant,
sous peine de s'exposer à payer deux fois.

» — Donnez, donnez-lui ces mille francs,
m'écriai-je avec rage, j'y consens ; hâtez-
vous donc d'en finir, et laissez-moi tranquille.

» — Je n'ai plus qu'à insérer cette circonstance dans mon procès-verbal, et vous
prier de le signer.... »

Il écrivit quelques mots qui contenaient cette déclaration, que j'avais consenti à cette remise de mille francs, à compte de ce que je reconnaissais devoir en vertu du jugement qu'il m'avait signifié. C'était ainsi un acquiescement à ce jugement, qui dès-lors devenait exécutoire quand on voudrait.

Enfin l'huissier partit. Je restai quelque temps accablé, la tête appuyée dans les mains, sans faire attention au tapissier qui allait et venait dans l'appartement, faisant ses dispositions pour enlever les meubles qu'il venait d'acheter.

« Je fus tiré de ma rêverie par une dispute qui s'éleva entre mon domestique et le tapissier. C'était à l'occasion de quelques effets d'habillement, que celui-ci prétendait compris dans la vente, et que mon domestique soutenait n'en pas faire partie.

» — Et avec quoi voulez-vous qu'il paie mes gages, disait Jacques, si vous enlevez son manteau, ses deux habits, et sa redingotte ?

» — Est-ce que cela me regarde, reprenait le tapissier, il me les a vendus, voilà tout. »

Quelle honte ! voir ainsi se disputer mes dépouilles ! Le fait est que je ne devais rien à Jacques, que j'avais toujours payé ses gages exactement, et qu'à chaque instant je lui faisais des cadeaux. Indigné de tant de bassesses , et ne voulant pas paraître au milieu de cette querelle ridicule , je sortis , pour n'y plus rentrer , de cet appartement que je m'étais plu à orner avec tant d'élégance et de luxe.

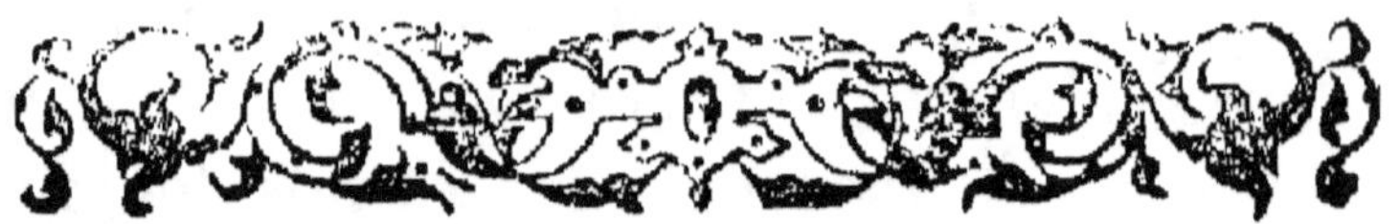

VIII.

Je marchai longtemps au hasard sans savoir quel chemin je suivais. Je me voyais en quelques jours plongé de l'excès du luxe, dans l'excès de l'opprobre et de la misère. Que faire? que devenir? j'étais désormais ruiné, sans ressources, déshonoré, sur le point d'être jeté en prison, pour des dettes que j'étais incapable de payer. Le désespoir s'empara de mon âme, des idées de suicide se présentèrent à mon esprit, et déjà je réfléchissais de quelle manière je mettrais fin à ma déplorable existence.

Tout-à-coup je fus tiré de ma rêverie par la rencontre inattendue de Landel, qui me saisit par le bras. « Ah ça ! mais es-tu sourd ? voilà une heure que je t'appelle et tu ne me réponds pas…. Tiens, s'écriat-il, quand il m'eut regardé plus attentivement ; mais d'où sors-tu donc ? quelle figure de déterré ! quel malheur t'est donc arrivé depuis trois jours que je ne t'ai vu ?…. Mais nous ne sommes pas bien ici pour nous expliquer, entrons dans ce café, nous serons plus à notre aise. »

Il m'entraîna dans un café voisin, et me fit entrer dans un cabinet particulier. Je lui racontai alors tout mon malheur ; il s'était bien douté de quelque chose ; mais il n'en soupçonnait pas toute l'étendue.

A mesure que je dévoilais toute l'horreur de ma position, il prenait un air grave et sérieux ; puis il me dit enfin : « Pourquoi aussi te fier à d'Egmont et suivre les conseils de cette espèce de chevalier d'industrie ?

» — Mais c'est toi qui me l'as fait connaître et tu ne m'en as jamais parlé que d'une manière avantageuse.

» — Nous y avons été trompés les pre-miers , mais depuis quelque temps nous avons appris à le connaître, et si tu n'avais pas été aussi étourdi , tu aurais pu remar-quer qu'il venait très-rarement dans notre société. Nous avons su qu'il n'était pas plus vicomte que je suis comte moi-même ; que c'était tout simplement un ancien clerc d'huissier, qui gagnait beaucoup d'argent en se faisant courtier d'un certain juif nommé Isaac Bloum ; mais malheureuse-ment son goût pour le jeu lui fait perdre d'un côté tout ce qu'il gagne d'un autre.

» — Isaac Bloum ! m'écriai-je.

» — Ah ! tu le connais dit Landel ; et je lui racontai ce qui s'était passé entre l'usurier, d'Egmont et moi, et ce qui s'en était suivi.

» — C'est bien cela , dit Landel ; ils n'en font jamais d'autre. Eh bien , mon cher, apprends que d'Egmont était de moitié dans les bénéfices d'Isaac. C'est lui qui lui a fourni les renseignements sur ta solvabilité, sur ta moralité, sans quoi il ne t'aurait pas même prêté vingt francs.

» — En ce cas , il n'a pas très-bien servi

les intérêts de son patron, puisqu'il m'a laissé vendre sans opposition mes rentes et mes propriétés foncières.

» — Oui, mais d'Egmont a bien su tirer sa part du gâteau, dans toutes ces ventes, et maintenant ils ont prise de corps contre toi; tu as des parents riches, un tuteur, qui ne voudront rien entendre d'abord, et qui finiront par payer tes dettes pour ne pas te laisser pourrir en prison.

» — Comment, m'écriai-je avec un transport de fureur, serait-il possible que ce d'Egmont fût capable d'une telle infamie? Je veux m'en assurer à l'instant. Je vais chez lui de ce pas, et je le forcerai bien à s'expliquer.

» — Tu as raison, et peut-être qu'avec des menaces tu pourras en arracher quelque chose. » Je partis à l'instant, et je trouvai d'Egmont au café anglais, qui dînait avec d'Elmas et un jeune homme que je connaissais sous le nom de Léon. Ils étaient dans ce même petit salon de l'entresol, où j'avais soupé la première fois avec eux. Un paravent, placé derrière la porte d'entrée, restée ouverte, les dérobait à mes regards, mais me permettait d'entendre ce qu'ils se disaient.

Au moment où j'allais entrer, je m'arrêtai ; on venait de prononcer mon nom. C'était d'Egmont qui racontait à ses deux convives, et en riant aux éclats, la manière dont il m'avait fait manger ma fortune en quelques mois. « Toi, et les autres, disait-il à d'Elmas, vous y alliez trop lentement ; pour en finir tout d'un coup je l'ai lancé dans le jeu, puis j'ai lâché à ses trousses Isaac Bloum, et bientôt il en aura pour ses cinq ans de Sainte-Pélagie. » Je ne fus pas maître d'en entendre davantage, j'entrai dans le salon, et allant droit à d'Egmont. « Je venais, monsieur, lui dis-je, pour avoir une explication avec vous ; ce que je viens d'entendre, sans le vouloir, m'en dispense ; je déclare devant ces messieurs que vous êtes un lâche et je vous applique ce mot à la face. » En même temps, je le frappai au visage.

D'Egmont pâlit en se sentant frapper ; il se leva pour se jeter sur moi, mais ses

deux compagnons le retinrent, et le for-
cèrent à se rasseoir.

« Vous savez, monsieur, le moyen de
laver une pareille injure. Si vous ne méri-
tez pas l'épithète dont je viens de vous
qualifier, trouvez-vous demain matin à
sept heures au rond Mortemart, je vous
y attendrai.

» — J'y serai, répondit-il, d'une voix
sourde. »

Je sortis aussitôt, et j'allai tout raconter
à Landel. « Bravo ! dit-il, tu t'es bien conduit, et je t'accompagnerai. Il est probable
que ses témoins seront ses deux convives,
j'irai prévenir le chevalier de Beaulieu,
qui comme moi, n'aime guère d'Egmont,
et nous serons tes seconds. Mais tu as besoin, après toutes les secousses que tu as
éprouvées aujourd'hui, de te calmer un
peu, pour avoir ton sang-froid demain
matin. Va te reposer dans ton ancien
logement, et moi, je vais m'occuper des
préparatifs de ta rencontre avec d'Egmont.»

Je me retirai dans la chambre qu'il m'a-
vait indiquée. C'était là même où j'avais
passé huit jours à l'époque où j'avais re-

trouvé Landel au bois de Boulogne , et où j'avais fait la connaissance de d'Egmont et de ses autres amis... Et de cette même chambre où je passais peut-être la dernière nuit de ma vie , j'allais me rendre à ce même endroit du bois de Boulogne , pour y rompre à jamais toutes mes relations avec cette même société. Car , j'enveloppai tous les autres dans ma haine contre d'Egmont... D'Elmas et Léon , je les avais entendu rire aux propos que le prétendu vicomte lançait sur moi. Le chevalier de Beaulieu ne m'avait-il pas donné les plus perfides conseils ? Et Landel , lui , mon ami de collége , n'était-il pas la première cause de tous mes malheurs ? Quelle ardeur ne mettait-il pas encore à organiser ce duel où je devais peut-être laisser la vie ?... Oui , je le crois , maintenant je lui suis à charge , me disais-je , et il cherche un moyen de se débarrasser de moi.

Je passai la nuit tout entière dans cette agitation fiévreuse. Je voyais , dans la scène qui se préparait pour le lendemain , un moyen de mettre un terme à mon affreuse position ; car , si je ne succombais pas avec d'Egmont, je voulais attaquer successivement d'Elmas et Léon, et peut-être Beaulieu et Landel. Je finirais sans doute par trouver la mort dans l'un de ces combats ; mais du moins je me serais vengé de mes perfides amis, et ils ne seraient plus tentés de rire de leur dupe. Car, je l'avoue, ce qui m'avait le plus affecté au milieu de mon malheur, ce que j'avais le plus en ce moment sur le cœur, c'était le rire moqueur dont j'avais été l'objet au café anglais.

J'allai de bonne heure éveiller Landel. Nous nous rendîmes chez Beaulieu qui se trouvait prêt, et de là nous gagnâmes le bois de Boulogne. Nous nous arrêtâmes au rond Mortemart, où nous attendîmes longtemps l'arrivée de mon adversaire. Enfin, une voiture parut dans l'allée qui vient de la porte Charles X ; bientôt j'en vis descendre d'Egmont et ses deux témoins.

« Vous ne pouvez pas vous battre ici, dit d'Elmas en approchant, cet endroit est trop fréquenté. Je vous engage à venir à la mare d'Auteuil, nous serons sûrs de ne pas être dérangés. »

Nous suivîmes son conseil, et en quelques instants nous arrivâmes au lieu indiqué. Les témoins s'occupèrent alors des préparatifs, et discutèrent les conditions du combat. Il y eut d'abord une longue contestation pour savoir si nous nous battrions à l'épée ou au pistolet, cette dernière arme fut adoptée. La discussion s'engagea ensuite sur les questions suivantes : qui tirerait le premier ? à quelle distance nous serions placés ?

Je manifestais à chaque instant mon impatience de tant de lenteur.... « On voit bien, me répondit d'Elmas, que vous n'êtes pas accoutumé à ces sortes d'affaires ; vous sauriez que tout doit se passer dans les règles, et que c'est nous, témoins, qui sommes responsables....

» — Ah ! enfin les voilà, s'écria tout à coup Léon, qui chargeait les pistolets. » Au même moment, je vis paraître trois hommes qui sortaient d'une petite allée, et qui s'approchèrent de nous.

» — Lequel de vous, messieurs, se nomme le baron de Lascy ? dit celui qui marchait en tête.

» — C'est moi ; que me voulez-vous ?

» — Monsieur, je viens vous sommer, en vertu d'un jugement que vous connaissez, d'avoir à me payer sur-le-champ la somme de vingt-neuf mille francs en capital, plus les intérêts et frais, que vous devez à M. Isaac Bloum ; à défaut de quoi, vous allez nous suivre dans la maison d'arrêt, où vous resterez écroué jusqu'à parfait paiement de ladite somme, intérêts et frais.

» — Mais, Monsieur, c'est un infâme guet-à-pens... Qui donc a pu vous instruire de ce rendez-vous, sinon le lâche qui a craint de se battre avec moi... Misérable, m'écriai-je, tu n'auras pas réussi à m'échapper comme tu le crois... » Et en disant ces mots je voulus me précipiter sur d'Egmont ; mais les deux hommes qui accompagnaient celui qui m'avait adressé la parole, me saisirent rapidement, et il me fut impossible de me dégager de leurs bras vigoureux.

» — Allons, monsieur, me dit le garde du commerce, suivez-nous de bonne grâce jusqu'à la voiture qui nous attend ; autrement nous serions obligés d'employer la force, et ce serait désagréable pour nous et pour vous.

» — Mais, laissez-moi du moins châtier ce misérable, comme il le mérite ; et après, je vous jure ma parole d'honneur, que je vous suivrai sans hésiter.

» — Oui, mais en le châtiant, comme vous dites, vous vous exposez à vous faire tuer, et ça ne ferait pas mon compte, car je n'aurais plus alors prise de corps sur vous. Croyez-moi, suivez-nous de bonne grâce, et remettez la partie à une autre fois. »

Et en disant ces mots, il fit signe à ses vigoureux recors. Chacun d'eux me prit par un bras, et ils m'entraînèrent jusqu'à la voiture qui nous attendait dans l'allée voisine. Au moment où je montais, j'entendis de bruyants éclats de rire partir de l'endroit où j'avais laissé mes anciens camarades, et une voix que je reconnus pour celle de d'Elmas, dire assez haut : « La farce est jouée, et bien jouée, venez, messieurs, j'ai commandé en passant, le déjeûner pour nous cinq, dans les Champs-élisées. »

La voiture où j'étais monté partit en ce moment, et je ne pus en entendre davantage, mais c'en était assez pour me faire connaître toute la scélératesse de mes prétendus amis, et me confirmer dans les soupçons que j'avais déjà.

« O les infâmes, m'écriai-je tout haut, les lâches ; voilà donc les hommes que j'ai crus si longtemps mes amis !

» — Oui, dit le garde du commerce, c'est un petit tour que vos amis vous ont joué ; mais vous avez tort de leur en vouloir, car, après tout, il vaut mieux passer un an ou deux à Sainte-Pélagie, que de se faire tuer, ou même de tuer un homme, car c'est un vilain remords que d'avoir à se reprocher la mort d'un homme, même quand c'est un mauvais sujet, comme ce vilain drôle qui se fait appeler le vicomte d'Egmont.

» — Est-ce que vous le connaissez ?

» — Si je le connais, oh ! il y a longtemps, ainsi que toute sa bande... Ce qui m'a étonné, ç'a été de vous voir, vous, M. le baron, un vrai baron, comme je m'en suis assuré, au milieu de ces prétendus vicomtes, marquis, chevaliers, et qui ne sont tous en réalité, que de vrais *chevaliers* d'industrie.

» — Comment, mais, le marquis d'Elmas et le chevalier de Beaulieu?

» — Le marquis d'Elmas est fils d'un épicier en gros, de la rue des Lombards. Son père a fait faillite, et vous le trouverez à Sainte-Pélagie, où vous pourrez lui donner des nouvelles de son fils; il se nomme Barochin, et occupe le numéro 19 du troisième corridor. Quant au chevalier de Beaulieu, il a fait tous les métiers; il a été étudiant, garçon coiffeur, comédien de province, militaire; son nom est Nicolas Bernard; mais comme il s'était vendu pour un riche personnage appelé le chevalier de Beaulieu, il a pris son nom au régiment, et l'a conservé depuis. » Le vicomte d'Egmont n'est autre que Toupain, fils d'une marchande de beurre de la Halle; il a travaillé dans plus de vingt études d'huissier, et s'est toujours fait renvoyer. Il n'y a que M. Landel que je ne connais pas, mais je le soupçonne de n'être

pas plus comte, que les autres sont marquis ou chevaliers. »

Etais-je assez humilié ! voilà donc la
société à laquelle j'avais été livré pendant
plus de deux ans! Voilà les honorables amis,
pour qui j'avais abandonné ce bon, ce vertueux Saint-Léger, et cessé toutes relations
avec mon tuteur, mon second père, celui
qui m'aimait d'une si tendre affection!

Mais quand je fus arrivé à Sainte-Pélagie, quand je me trouvai seul avec moi-
même, que j'eus entendu les verroux se
refermer sur moi, je ne saurais décrire
ce qui se passa dans mon âme. Accablé de
honte et de douleur, je me jetai sur le mauvais grabat qui garnissait ma cellule, et je
me roulai dans des convulsions de désespoir.

Tantôt mon imagination me reportait
au temps de mon luxe et de mon opulence,
où des meubles somptueux décoraient mes
appartements, où les mets les plus déli-
cats couvraient ma table, et maintenant
des murailles humides et nues, une
table vermoulue, un misérable grabat,
voilà mon logement et mon mobilier, une
cruche d'eau et du pain, voilà ma nourri-

ture. Et pour comble de maux, je suis privé du seul bien qui me restait, du bien le plus précieux pour l'homme, de la liberté. Tantôt j'entendais encore retentir à mon oreille le rire sardonique de mes anciens compagnons de désordre, au moment où ils m'avaient vu enlever par les recors. Il produisait sur mon âme un horrible effet, tel que doit produire sur les damnés le rire affreux des démons qui les ont entraînés dans les enfers. Parfois je roulais dans ma tête des projets de vengeance ; puis, en songeant que j'étais prisonnier, je sentais ma frénésie redoubler.

Un tel état était trop violent pour pouvoir durer. Je tombai bientôt dans une espèce d'anéantissement complet, et mes gardiens inquiets me firent transporter à l'infirmerie. Je fus saisi d'une fièvre brûlante, accompagnée de délire et de transports furieux. Dès-lors je perdis tout-à-fait connaissance ; pendant près d'un mois que dura ma maladie, j'ignorais tout-à-fait ce qui se passait autour de moi.

IX.

Un jour, je me réveillai comme d'un long assoupissement; je jetai les yeux autour de moi, et je m'aperçus que j'étais dans une chambre propre et bien éclairée. Mes yeux affaiblis avaient peine à distinguer les objets, et ma mémoire ne me retraçait que confusément les évènements qui m'étaient arrivés. J'étais comme un homme qui sort d'un songe pénible, après un sommeil long et fatigant. Peu à peu les idées me revinrent.... Je me rappelai que j'avais été conduit en prison, dans une chambre humide et sombre; mais comment se faisait-il que je me trouvasse transporté dans un appartement meublé, sinon avec élégance, du moins avec propreté! que je fusse couché dans un bon lit, au lieu du triste grabat sur lequel je m'étais jeté la veille? Car je n'avais pas l'idée du temps qui s'était écoulé depuis ce moment fatal, et il me semblait qu'un intervalle de quelques heures seulement séparait cet instant de celui où je me trouvais.

J'entendais aussi parler près de moi, mais à voix basse et de manière à ne pouvoir comprendre ce qui se disait; seulement je crus reconnaître que c'étaient deux personnes qui priaient. Tout-à-coup l'une d'elles éleva la voix assez haut pour que je pusse parfaitement distinguer ces paroles : « *Mère de miséricorde!* — et l'autre voix répondit : — *Priez pour lui.* — *Consolatrice des affligés!* — *Priez pour lui.* — *Refuge des pécheurs!* — *Priez pour lui.* » Elles répétèrent trois fois sur le même ton chacune de ces invocations, puis elles continuèrent à prier à voix basse et je n'entendis plus rien.

Un instant après, une femme que je ne

connaissais point, s'approcha de moi, m'examina longtemps en silence, puis voyant que je faisais quelques efforts pour parler, elle me fit signe de me taire, et m'offrit à boire d'une potion qu'elle tenait à la main; je l'acceptai, et peu d'instants après je m'endormis paisiblement.

A mon réveil, mes idées furent plus nettes que la première fois. La même femme que j'avais déjà vue, et qui paraissait une garde-malade, était assise au pied de mon lit, et semblait attendre ce moment. « Comment vous trouvez-vous, me dit-elle ?

» — Bien, répondis-je ; mais dites-moi donc où suis-je, pourquoi me trouvé-je couché dans cette chambre ?

» — Allons, monsieur, le médecin a défendu de vous laisser parler. Encore un peu de patience; il est nuit à présent; demain matin on répondra à toutes vos questions. Buvez encore de cette potion, qui vous a déjà fait tant de bien, et dormez. »

Je pris la potion, mais je ne m'endormis pas aussi promptement que la première fois. Je pensais à ce qui m'arrivait, et je n'y pouvais rien comprendre. Je pensais surtout à ces voix que j'avais entendues, et qui ne me semblaient pas inconnues, et je répétais en moi-même : Mère de miséricorde, priez pour moi. « Consolatrice des affligés, priez pour moi; refuge des pécheurs, priez pour moi ! » Peu à peu je mis dans cette prière mentale plus d'attention, et enfin une véritable ferveur. Presque aussitôt j'éprouvai un soulagement indicible; il me sembla que le poids accablant sous lequel j'étais abattu, se soulevait pour me laisser respirer et ne pas m'écraser tout-à-fait. « Oh ! que je voudrais en ce moment, me disais-je, avoir la piété de Saint-Léger, et la foi si vive de mon vertueux tuteur !.... Mais, hélas ! je ne serais plus aujourd'hui pour eux qu'un objet de mépris; n'ai-je pas vu Saint-Léger détourner de moi ses regards dans le temps de mon opulence, que serait-ce aujourd'hui, que je suis tombé au dernier degré d'avilissement? et ce respectable Morizot, que j'ai si indignement outragé, pourrait-il jamais me pardonner ?.... En disant ces mots , je versais des larmes amères , et je répétais en sanglottant : *Mère de miséricorde, consolatrice des affligés, refuge des pécheurs, priez pour moi.*

Tout indigne que j'en étais, cette prière fut entendue sans doute de Celle à qui elle était adressée ; car, de ce moment il se fit en moi un changement total, qui amena bientôt une double guérison et de l'âme et du corps.

Quand je me réveillai le lendemain matin, ma garde-malade s'écria : « Ah ! pour cette fois nous avons un mieux prononcé. Approchez, monsieur, je crois qu'aujourd'hui il pourra vous reconnaître et vous parler ; seulement prenez garde de le faire trop causer. »

Comme elle achevait ces mots , un jeune homme, que je n'avais pas aperçu, s'approcha de moi, et m'embrassa avec tendresse. C'était Saint-Léger ! je ne pus que lui dire ces paroles : « Quoi ! vous ici, mon ami ; oh ! je vous remercie, et cependant je ne mérite pas tant de bonté.

» — Allons, taisez-vous, mon ami,

vous savez qu'il vous est encore défendu de causer.

» — Mais, dites-moi, où suis-je ? Est-ce ici une des chambres de l'infirmerie de Saint-Pélagie, car maintenant je me rappelle confusément y avoir été transporté.

» — Que cette idée de Sainte-Pélagie ne vous chagrine plus, vous n'y êtes plus, vous n'êtes plus en prison.

» — Comment ? que dites-vous ? m'écriai-je avec transport.

» — Calmez-vous, si vous voulez que je vous donne toutes les explications que vous désirez. Vous êtes dans la maison de santé du docteur M...., rue des Postes. Vous y avez été amené trois jours après votre entrée à Sainte-Pélagie ; vous étiez atteint d'une fièvre cérébrale, qui vous a ôté la connaissance et le souvenir de tout ce qui s'est passé depuis plus d'un mois.

» — Mais qui m'a fait transporter dans cette maison ? Comment vous y trouvez-vous ? Est-ce vous qui m'avez fait sortir de prison ? Ah ! parlez, mon cher, parlez vite.

» — Encore une fois du calme, je vous

en prie, et ne pressez pas tant les questions. Malgré toute la bonne volonté que
j'aurais eu de vous être utile, je n'aurais
pas été en état, vous le savez, de vous
rendre ce service; mais il me semble que
vous auriez dû reconnaître la main bien-
faisante, qui vous a toujours porté un si
tendre intérêt.

» — Ah! ciel, c'est Morizot, mon
second père! mon sauveur! comment, il
a su tous mes désordres, et il ne m'a pas
abandonné! Mais comment se fait-il qu'il
ait pu me faire sortir dès les premiers
jours de mon entrée à Sainte-Pélagie?

» — M. Morizot était à Paris depuis plus
de huit jours avant votre arrestation.
Celui qui avait fait rendre un jugement
contre vous, lui avait écrit pour lui annoncer votre condamnation, et lui déclarer
que vous seriez incarcéré, s'il ne con-
sentait à payer votre dette.

» — C'est un trait de cet infâme Toupain.

» — A la réception de cette lettre, votre
tuteur accourut à Paris. Comme il vous
avait souvent entendu parler de moi, sans

doute sous un rapport assez avantageux, pendant notre première année de droit, il vint me trouver en arrivant, pensant que je pourrais lui donner des renseignements sur vous. Il voulait savoir de vous de quelle manière cette dette avait été contractée, soupçonnant quelque friponnerie de la part de votre prêteur ; mais nous ne pûmes vous rejoindre, et ce n'est que par les journaux que nous avons appris votre arrestation.

» — Comment par les journaux ?

» — Oui, les journaux ont raconté votre aventure du bois de Boulogne, et comment un garde du commerce vous avait arrêté, au moment où vous alliez vous battre en duel.

» — Mon Dieu, mon Dieu, encore cette humiliation à dévorer ? »

Cette exclamation, le ton avec laquelle je la prononçai parut surprendre agréablement Saint-Léger. Il ne parut pas y faire attention, et continua.

« Nous courûmes aussitôt à Sainte-Pélagie, et nous vous trouvâmes à l'infirmerie dans un état désespéré. Le docteur

Morizot demanda sur-le-champ et obtint votre translation dans une maison de santé ; depuis ce moment il ne vous a pas quitté, et chaque jour je venais l'aider à vous soigner. Depuis deux jours seulement il sort pour arranger votre affaire ; mais cela doit être terminé ce matin, et il ne tardera pas à rentrer.

» — Comment ! depuis plus d'un mois le docteur Morizot est là, et vous aussi, et je ne vous ai reconnu ni l'un ni l'autre.... J'ai donc été bien malade.

» — Oh ! oui, mon ami, et bien souvent le docteur m'a dit : Nous n'avons plus d'espoir qu'en Dieu ; prions-le pour qu'il sauve mon fils. Et là, au pied de votre lit, nous nous agenouillions tous deux et nous priions Celui qui seul peut donner la guérison et la santé.

» — Ah ! je ne me trompais pas ; c'était donc vous que j'ai entendu hier prier pour moi la Mère de miséricorde, la consolatrice des affligés, le refuge des pécheurs. Eh bien ! mon ami, je l'espère, votre prière a été entendue, je suis guéri de mon incrédulité , et puissé-je bientôt devenir un chrétien fidèle et fervent !

» — O mon cher ami , s'écrie Saint-Léger , en me serrant la main avec attendrissement , de quelle joie vous remplissez mon cœur ! qu'il me tarde que M. Morizot vous entende tenir ce langage !

» — O qu'il me tarde aussi de le voir et d'implorer son pardon !

» — Tu n'en as plus besoin , mon cher enfant , tout est pardonné ! dit en paraissant tout à coup le docteur Morizot.

» — Je lui tendis les bras , et les larmes étouffaient ma voix.... Pleure, mon ami , pleure ; ces larmes-là ne sont pas dangereuses , disait-il , en me serrant sur son cœur. » Et lui-même pleurait en prononçant ces paroles.

» — Ah ! monsieur , je sais combien je vous ai affligé , et que je ne mérite pas le pardon généreux que vous voulez bien m'accorder.

» — Tu me causes en ce moment-ci plus de joie que tu ne m'as jamais occasionné de tristesse. Je puis dire à présent comme ce père de l'Evangile : « mon enfant était perdu, et je l'ai retrouvé ; rendons - en grâce au Seigneur. »

Et, prenant la main de Saint-Léger, ils se mirent ensemble à genoux dans l'endroit où ils avaient coutume de prier, et ils adressèrent à Dieu leurs actions de grâce.

Pendant qu'ils priaient à voix basse, je répétais encore avec ardeur la touchante prière à la Mère de miséricorde.

Enfin Morizot se leva. Nous allons, dit-il, te laisser un peu en repos ; car cette émotion trop prolongée pourrait amener des accidents fâcheux.

Et, en disant ces mots, ils s'éloignèrent.

Quand je me trouvai seul, je me mis à repasser dans ma mémoire tout ce qui m'était arrivé, tout ce que j'avais fait depuis ma fatale rencontre avec Landel. En me rappelant le souvenir de tant de turpitudes, de tant de honteuses et criminelles actions, je me sentais de plus en plus couvert de honte et abîmé de remords.

Le docteur revint quelque temps après, et me trouva dans cet état ; il en fut alarmé, et eut bien de la peine à en connaître la cause ; enfin, à force de me questionner, il y parvint « Comment , mon fils , vous désespéreriez de la miséricorde de Dieu , mais ce serait un plus grand crime que toutes les fautes que vous avez commises , car quelque grandes qu'elles soient, la miséricorde de Dieu est plus grande encore , puisqu'elle est infinie. Mais , mon enfant , je connais le remède à cette nouvelle souffrance que vous éprouvez , un remède qui calmera cette exaspération qui vous tourmente , qui vous réconciliera avec Dieu , et par conséquent avec les hommes , et avec vous-même.

» — O monsieur, je vous en conjure, hâtez-vous de me procurer ce remède bienfaisant, si vous ne voulez pas que je retombe dans les plus horribles souffrances.

» — Ce remède, mon fils , vous viendra de la religion seule ; c'est elle, c'est son divin Auteur, qui a donné aux hommes le moyen de se laver de leurs crimes , et de reprendre leur robe d'innocence souillée par leurs forfaits. Si vous le désirez, j'appellerai ici un ministre de cette sainte religion , vous déposerez dans son sein toutes vos inquiétudes ; vous lui découvrirez toutes

les plaies de votre âme, et il y appliquera
un baume salutaire, qui les guérira promptement.

» — Oh ! oui, je le désire de tout mon
cœur, et le plus tôt qu'il sera possible.

» — C'est bien, Raoul, je suis content de toi.... Dans un moment tes désirs
seront accomplis. »

Il sortit, et quelques minutes après il
rentra, accompagné d'un vénérable ecclésiastique, avec lequel il me laissa. Je restai
pendant plus de deux heures seul avec ce
digne homme. Il revint le lendemain, et
plusieurs jours de suite, jusqu'à ce qu'il
eût enfin prononcé sur moi les paroles sa-
crées, qui, comme me l'avait dit mon
tuteur, m'enlevèrent le poids énorme qui
m'accablait, et me remirent en paix avec
Dieu et avec moi-même.

X.

Ma convalescence fut rapide, car rien ne contribue tant à la santé du corps que le calme et la paix de l'âme. A mesure que les forces me revenaient, il me semblait renaître à une vie nouvelle.

Le docteur Morizot, Saint-Léger, et le vénérable ecclésiastique dont j'ai parlé, étaient étonnés et ravis d'un tel changement. Chaque jour, ils se réunissaient dans ma chambre, et nos conversations roulaient ordinairement sur la religion. Autrefois, ces sortes d'entretiens me paraissaient fastidieux, et je prenais soin de les éviter ; aujourd'hui je les provoquais moi-même, non pour éclaircir mes doutes, car il ne m'en restait aucun, mais pour me confirmer dans la foi. Et puis aussi, parce qu'on aime toujours à s'entretenir de ce qui nous plaît et nous intéresse.

Souvent, je trouvais en moi-même la réponse à des objections que je faisais jadis, et que je croyais alors sans réplique, ou bien, je découvrais une foule de vérités utiles, que mon esprit aveuglé n'avait pas encore aperçues. Mais à Dieu ne plaise que je m'attribue le mérite de ces découvertes ! C'était sans doute un effet de la grâce divine, et des réflexions salutaires que m'inspiraient les sages discours de mes amis.

J'aimais surtout à entendre le docteur Morizot parler avec une noble simplicité, de Dieu, de la création de l'homme et de sa fin sublime.

Une seule chose m'inquiétait, c'était de savoir comment le docteur, dont je connaissais la modique fortune, avait pu payer toutes mes dettes, et pouvait encore satisfaire aux dépenses qu'avaient entraînées ma maladie et son séjour prolongé à Paris. Plusieurs fois, je voulus l'interroger à cet égard , toujours il éluda mes questions. Enfin , quand je fus parfaitement rétabli , et qu'il fallut songer à mon avenir , il vint me trouver un matin et me parla ainsi :

« Raoul , vous voilà maintenant en état de prendre un parti. Voulez-vous continuer vos études de droit , ou embrasser une autre carrière ? Vous êtes encore assez jeune pour choisir.

» — Hélas , répondis-je , suis-je libre de choisir désormais un état ? J'ai perdu toute ma fortune , et maintenant je suis à votre charge ; je ne veux pas augmenter les sacrifices que vous avez faits pour moi , et je suis résolu d'apprendre une profession manuelle , ou de me faire soldat , plutôt que de vous occasionner des dépenses qui doivent nécessairement vous gêner.

» — Quand je vous ai fait la proposition , reprit le docteur avec beaucoup de gravité , de reprendre vos études , ou d'entrer dans une carrière analogue , j'avais calculé qu'il m'était possible de satisfaire à cette dépense , sans quoi je ne vous en aurais pas parlé. Rappelez-vous que vous êtes mon fils d'adoption , et jamais un fils n'est à charge à son père, quand il a la bonne volonté d'être vertueux. Je compte, Raoul, sur cette bonne volonté. Je regarde les évènements qui se sont passés, comme une leçon terrible, mais dont vous saurez profiter. Ainsi je n'hésiterai pas, si vous vous décidez, à vous mettre en état de reprendre vos études interrompues et à les mener à bonne fin ; seulement, comme l'année se trouve trop avancée, vous viendrez passer à la campagne le temps qui reste à courir d'ici la prochaine rentrée. Votre santé se rétablira tout-à-fait, et vous reprendrez dans la solitude le goût du travail et le calme nécessaire aux études. »

Tant de bonté m'arracha des larmes ; je me jetai dans ses bras, et mon cœur oppressé ne put que trouver ces paroles pour témoigner ma reconnaissance. « Puisque vous daignez encore m'appeler votre fils, je vous jure que je ferai tout désormais pour me rendre digne de mériter ce titre..... »

Bientôt Saint-Léger connut notre détermination. Nous nous fîmes de touchants adieux, mais adoucis par l'espérance de nous revoir l'année suivante. Le lendemain, mon tuteur et moi nous prîmes la route de Franche-Comté.

Je ne dirai rien des impressions diverses que j'éprouvai dans ce voyage, car un évènement inattendu les domina toutes, et vint de nouveau m'accabler de douleur. Quelques jours après notre arrivée, le docteur Morizot se sentit attaqué d'une maladie dont il comprit à l'instant toute la gravité. Huit jours après, il n'était plus !....

Lorsqu'il eut reçu les derniers sacrements, il me fit appeler près de lui : « Raoul, me dit-il, d'une voix faible, je vais bientôt vous quitter ; j'espère tout de la miséricorde divine.... Prenez ce papier, ajouta-t-il, il contient mes dernières voontés ; je vous charge de les exécuter.... Je ne regrette rien sur la terre que ma femme et vous, mais j'espère que nous nous réunirons un jour.... »

Je n'essaierai pas de peindre la douleur que me causa cet évènement inattendu. Cependant j'eus besoin de la maîtriser pour pouvoir donner des consolations à sa pauvre veuve.... Je crus un instant qu'elle ne tarderait pas à suivre son mari. Toutes les anciennes plaies de son âme semblèrent se rouvrir à cette nouvelle blessure. Des crises nerveuses me faisaient à chaque instant craindre pour ses jours. Je lui prodiguai tous les soins qu'un tendre fils peut donner à sa mère bien-aimée. Cette occupation, sans calmer ma douleur, lui faisait une sorte de distraction, et j'éprouvais une satisfaction intérieure à remplir ce pieux devoir, comme si c'eût été un hommage à la mémoire de mon père adoptif !

Mme Morizot parut sensible à mon dévouement, et peu à peu le paroxisme de la douleur fit place à un état plus calme. J'ouvris alors le testament de mon bienfaiteur, ainsi qu'une lettre qui l'accompagnait.

Le testament ne contenait que ces mots : « Je lègue tous mes biens sans exception à ma femme ; et je lui lègue en même temps Raoul de Lascy pour son fils. »

Dans la lettre, il me recommandait de

regarder sa femme comme ma mère, et de reporter en entier sur elle l'affection que j'avais pour lui. Puis venaient de sages conseils, qui ont été et qui seront toujours la règle de ma conduite. Il serait trop long de les transcrire ici, je ne citerai que ce passage :

« Défiez-vous de vous-même, et n'agissez jamais sans avoir consulté Dieu d'abord, et des personnes sages, éclairées et capables de donner de bons conseils.

» Votre cœur est bon, mais il se laisse facilement entraîner. Que votre volonté ne soit jamais complice de ses égarements, et qu'elle le ramène dans la bonne voie, aussitôt qu'elle s'apercevra qu'il s'en est écarté.

» Le moyen le plus efficace de veiller sur vous-même, c'est de pratiquer assidument vos devoirs religieux. L'habitude de la prière, l'assistance régulière aux offices de l'Eglise, aux instructions religieuses, la fréquentation des sacrements, sont un moyen infaillible de dompter tous vos mauvais penchants.

» Fuyez surtout, fuyez comme la peste

les mauvaises compagnies. Rappelez-vous que ce sont elles qui vous ont perdu , et soyez persuadé qu'elles vous perdraient encore , si vous aviez le malheur de les fréquenter. Peut-être alors ce serait sans retour...

» Je vous recommande de cultiver la connaissance de deux personnes , qui sont véritablement dignes de votre affection ; c'est votre ami Saint-Léger , et l'abbé H..., qui venait vous visiter pendant votre maladie , à Paris. De tels amis sont rares , et quand Dieu nous fait la grâce d'en rencontrer de semblables , il faut les conserver comme un trésor précieux... »

Combien de fois j'ai lu et relu ces simples et touchantes instructions ! Je les sais par cœur, et cependant j'aime à les relire encore pour avoir sous les yeux les caractères que sa main a tracés. C'est comme un souvenir vivant qui m'accompagne toujours, et qui ne me quittera qu'avec la vie.

Huit ans se sont écoulés depuis l'époque où s'arrêtent ces mémoires. Je suis venu demeurer avec la veuve de mon bienfaiteur, en Bretagne, son pays natal. J'ai terminé mon cours de droit à Rennes ; j'ai fait mon stage au barreau de cette ville, et je suis reçu avocat à la cour royale. Saint-Léger est avoué, et sa probité et ses lumières lui ont formé une nombreuse clientelle. Notre amitié, loin de s'altérer, s'est resserrée par de nouveaux liens.

Mme Morizot vit encore ; elle me tient lieu de mère ; et je lui porte tout l'attachement et tout le respect d'un fils.

Ma vie s'écoule ainsi paisible et douce, et aucun évènement extraordinaire n'en a marqué le cours, à l'exception d'un épisode que je vais raconter, et qui fera la conclusion de ces mémoires.

Il y a environ trois ans, on m'annonça qu'un homme demandait à me parler dans mon cabinet. Je m'y rendis aussitôt, et j'aperçus un individu pâle, défait, couvert de haillons, et dont l'aspect annonçait la misère et la souffrance. Je lui demandai ce qu'il voulait.

« Vous ne me reconnaissez pas, me dit-il, d'une voix altérée. Nous avons pourtant autrefois mené ensemble joyeuse vie ; mais vous avez été plus sage que moi , et vous avez su vous en tirer passablement. »

Je vis à ces mots que j'avais à faire à un de mes anciens compagnons de désordre ; je sentis la rougeur me monter au front ; mais , j'avais beau l'examiner , je ne pouvais le reconnaître.

« Je suis , continua-t-il , celui qui se faisait appeler le marquis d'Elmas ; je me suis engagé avec d'Egmont , dans les nouveaux régiments qu'on forma en 1830. D'Egmont s'est fait tuer en Afrique ; et moi , qui ne pouvais m'accoutumer à la vie militaire , j'ai déserté , j'ai été arrêté , condamné , et je sors maintenant de prison. A l'hôtel-de-ville , où j'étais allé faire signer ma feuille de route , j'ai par hasard entendu prononcer votre nom. J'ai pris alors la liberté de venir vous demander quelques secours pour continuer ma route. »

Je m'empressai de satisfaire à sa demande , et il partit. Au moment où il sortait , il se retourna : « Avez-vous entendu parler de Landel et du chevalier ?

» — Non , jamais.

» — Eh bien , Landel a mangé le peu

de fortune de son père, qui a été obligé
de déposer son bilan, et qui en est mort
de chagrin. Le fils, m'a-t-on dit, tient
maintenant un cabaret dans les environs
de Beaune; quant au chevalier, il a été
compromis je ne sais dans quelle affaire
de fausse signature de billet, de sorte
qu'il a subi un arrêt de la cour d'assises,
qui l'a envoyé pour cinq ans à Brest, où
nous nous sommes rencontrés... Adieu !.. »
et il s'éloigna.

Je rentrai dans mon cabinet, le visage
encore rouge de honte et de confusion.
« Quoi, m'écriai-je, voilà la société à laquelle je m'étais livré, et voilà la fin qui
m'était réservée, si je n'avais été arraché
de l'abîme par la main de l'homme vertueux, à qui je dois tout après Dieu ! »

F I N.

❧ Lille, imprimerie de L. Lefort, 1843. ❧

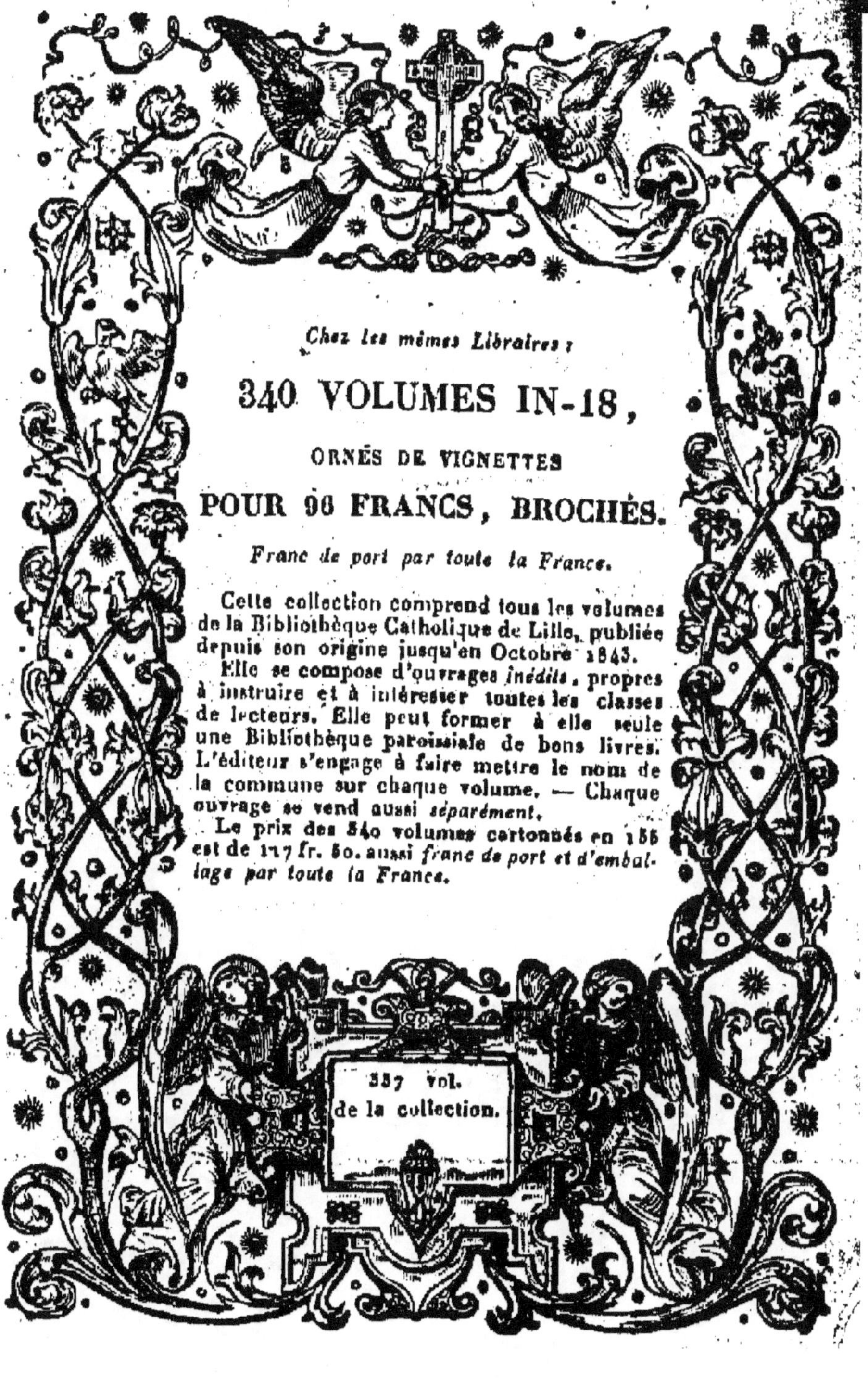

Chez les mêmes Libraires :

340 VOLUMES IN-18,

ORNÉS DE VIGNETTES

POUR 90 FRANCS, BROCHÉS.

Franc de port par toute la France.

Cette collection comprend tous les volumes de la Bibliothèque Catholique de Lille, publiée depuis son origine jusqu'en Octobre 1843.
Elle se compose d'ouvrages inédits, propres à instruire et à intéresser toutes les classes de lecteurs. Elle peut former à elle seule une Bibliothèque paroissiale de bons livres. L'éditeur s'engage à faire mettre le nom de la commune sur chaque volume. — Chaque ouvrage se vend aussi séparément.
Le prix des 340 volumes cartonnés en 155 est de 117 fr. 50. aussi franc de port et d'emballage par toute la France.

337 vol.
de la collection.

www.ingramcontent.com/pod-product-compliance
Lightning Source LLC
LaVergne TN
LVHW020839200726
843508LV00003B/994